Wilfried Veeser

PEP4Teens

Das Positive Erziehungs-Programm

*für Eltern von Kindern
zwischen 12 und 17 Jahren*

BRUNNEN

VERLAG GIESSEN·BASEL

Lektorat: Renate Hübsch

Bibelzitate erfolgen, wenn nicht anders gekennzeichnet, nach der Übersetzung: Hoffnung für alle®. © 1983, 1996, 2002 by International Bible Society®. Übersetzung: Brunnen Verlag Basel und Gießen. Verwendet mit freundlicher Genehmigung des Verlages.

© 2005 Brunnen Verlag Gießen
www.brunnen-verlag.de
Umschlagfoto: Uschi Pacher, Walddorf
Umschlaggestaltung: Rainer E. Rühl, Alsheim
Illustrationen: Michael Simon, Mühltal
Satz: DTP Brunnen
Herstellung: St.-Johannis-Druckerei, Lahr
ISBN 3-7655-6454-0

Inhalt

Vorwort

- Sie haben Zoff mit Ihrem Sohn, Krach mit Ihrer Tochter und Streit mit Ihrem Partner über die richtige Methode der Erziehung Ihrer Kinder?
- Sie sind allein erziehend und fühlen sich oft überfordert im Umgang mit Ihrem pubertierenden Nachwuchs?
- Sie sind hauptberuflich oder ehrenamtlich mit der Erziehung von Jugendlichen beauftragt und sind auf der Suche nach Anregungen?

Dann sind Sie hier richtig. Wir als PEP4Teens-Team machen Ihnen Mut: Es gibt Hoffnung.

Wissenschaftler und engagierte Pädagogen bestätigen, was wir als Trainer in unseren Elternkursen gerne und mit großer Überzeugung weitergeben:

Teenager lassen sich erziehen!

Wir haben vielfach erfahren: Lernbereite Eltern können gelingende Beziehungen zu ihren Teenagern aufbauen und diese auch in der schwierigen Zeit des Umbruchs und Aufbruchs erhalten. Selbst wenn sie das in den ersten Jahren nach der Geburt ihrer Kinder versäumt haben.

Das gilt übrigens auch für Erzieher, Betreuer oder Lehrkräfte.

Wie das möglich ist, darum geht es in diesem Buch. Es begleitet Sie bei den nächsten Schritten auf dem Weg zu den Zielen, die Sie sich selbst erarbeiten und wählen. Und es bietet Ihnen sofort anwendbare und in der alltäglichen Praxis erprobte Tipps für Ihren Umgang mit Teenagern – seien es die eigenen oder die, mit denen Sie beruflich oder im Ehrenamt zu tun haben.

Ich bin mir sicher: Wenn es uns Erwachsenen gelingt, eine gute Beziehung zu den uns anvertrauten Teenagern aufzubauen, macht ihnen dies Lust aufs Leben und hilft ihnen bei der Bewältigung der notwendigen Entwicklungsschritte.

Die Zeit der Pubertät hat es in sich

Sie als Eltern stehen zumeist in der Lebensmitte mit allen Umbrüchen und Krisen, die diese Lebensphase für Sie selbst mit sich bringt. Gleichzeitig befinden sich Ihre Teenager im Übergang von der Kindheit ins junge Erwachsenenalter. Vielleicht haben Sie das Gefühl, dass Ihnen viele Dinge entgleiten, dass Sie Ihren Einfluss auf die Entscheidungen Ihrer Kinder verlieren. Vielleicht sind Sie verunsichert, welche Aufgaben sich für Sie als Eltern jetzt stellen. Eine wirklich stressige Lebensphase, in der Sie sich nach mehr Ruhe, Unterstützung, „geordneten Bahnen" und weniger Konflikten sehnen.

Einen wichtigen Schritt in diese Richtung haben Sie bereits getan: Sie informieren sich. Damit übernehmen Sie Verantwortung und stellen sich der Herausforderung. Sie suchen für sich selbst, für Ihren Partner und Ihre Teenager gangbare Wege zu einem weniger anstrengenden Umgang miteinander. Das positive Erziehungsprogramm PEP4Teens unterstützt Sie dabei mit Informationen, Tipps, anschaulichen Beispielen und praktischen Übungen.

Viele Hinweise und Ideen bei seiner Entwicklung haben mir nicht Lehrbücher, sondern meine eigenen Teenager gegeben: Sieglind, Kerstin, Meike und Jens. Ihnen sei Dank gesagt, dass sie manches Erziehungsexperiment ihrer Eltern ertragen haben. Und ohne meine geduldige Frau, Wegbegleiterin und kritische Gesprächspartnerin Dorothea hätte viel graue Theorie nicht den Weg in den praktikablen Erziehungsalltag gefunden. Ebenso danke ich meinem Schwager Holger Seitz, selbst Vater von sieben Kindern, für sein konstruktives Feedback und die Mithilfe bei den Texten und Beispielen. Schließlich sei mit großem Dank Renate Hübsch erwähnt. Durch ihre Art, sich einzudenken und zu lektorieren, hat sie wichtige Impulse zur Ausgestaltung dieses Buches beigetragen.

Nun wünsche ich Ihnen viel Freude beim Lesen, Mut und Erfindungsreichtum beim Anwenden und schließlich die beglückende Erfahrung einer tragfähigen Beziehung zu Ihren Teenagern.

Ihr
Wilfried Veeser

Das können Sie von PEP4Teens erwarten

Was PEP4Teens auszeichnet

Zum besonderen Profil des Positiven Erziehungs-Programms PEP4Teens gehört, dass es

- anerkannte pädagogische und psychologische Einsichten zusammenfasst und für einen praktikablen Erziehungsalltag auf den Punkt bringt,
- der gelingenden Beziehung Vorrang gibt vor Erziehungsmethoden,
- Mut macht, sich den Herausforderungen im Umgang mit Teenagern zu stellen,
- realistische Wege aus der Hilflosigkeit im Umgang mit Teenagern ermöglicht,
- durch Beispiele und Übungen schult, die Initiative im Erziehungsalltag zurückzugewinnen,
- bewusst die Bedeutung von Sinnfragen, Werten und religiösen Überzeugungen in der Erziehung anspricht,
- aus christlicher Grundüberzeugung zu einer Kultur des Verzeihens als wichtigem Beziehungsfaktor anleitet (denn bei den rasanten Entwicklungen in der Teenagerzeit bleiben Verletzungen auf beiden Seiten nicht aus),
- Erziehende und Teenager zu Partnern macht, die gemeinsam Ziele und Schritte erarbeiten und anschließend auch umsetzen,
- Fähigkeiten der Teenager fördert und Kreativität der Erwachsenen anregt,
- den Erziehenden Hoffnung gibt, eines Tages mit Stolz darauf zurückblicken zu können, wie sie die herausfordernde Teenagerzeit mit ihren Kindern gemeinsam gemeistert haben.

Was PEP4Teens leistet

PEP4Teens hilft Eltern, Alleinerziehenden und beruflich oder ehrenamtlich Erziehenden, die Initiative im Erziehungsalltag zurückzugewinnen.

PEP4Teens beschäftigt sich mit den Fragen:

- Was bedeutet es psychisch, wenn ein Kind die Pubertät durchlebt?
- Wie müssen sich dementsprechend Einstellung und Verhalten der Eltern und Erzieher verändern?

Ziel und Vision von PEP4Teens: Aus „unmöglichen" Eltern und aus „stressigen" Teenagern werden Gefährten, die sich gegenseitig schätzen lernen und die einander auch nach der anstrengenden Pubertätszeit noch gern begegnen.

Erziehung ist möglich

Sie können Ihr Verhältnis zu Ihrem Teenager verbessern. Es ist möglich, Kinder im Teenageralter zu erziehen. Wir glauben nicht, dass mit PEP4Teens alle Probleme im Handumdrehen verschwinden. Doch dieses Buch stellt Ihnen plausible Wege und konkrete Schritte vor, wie Sie die Erziehung Ihrer Teenager positiv gestalten können. Sie werden sich zunehmend der Aufgabe gewachsen fühlen, Ihre Kinder zu selbstständigen Entscheidungen anzuleiten und ihnen Eigenständigkeit und Verantwortlichkeit zu ermöglichen. Dies ist für Eltern eine Herausforderung – gerade in der Pubertätszeit der Kinder. Diese Herausforderung anzunehmen ist zugleich eine der größten und sinnvollsten Aufgaben, die man sich denken kann.

Positive Beziehung schaffen

Gewiss kann man das Verhalten von Teenagern nicht per Befehl oder Gehorsamsforderung verändern – dies war schon schwierig, als Ihr Kind kleiner war. Doch der wichtigste Schlüssel für eine gelingende Erziehung liegt in Ihrer Hand, in Ihrem Herzen: die positive Beziehung zu Ihrem heranwachsenden Kind. Es ist Ihre Entscheidung, an dieser Aufgabe zu wachsen und Ihre erzieherischen Möglichkeiten zu erweitern. Je mehr Sie bereit sind, sich selbst zu verändern und dazuzulernen, desto effektiver wird die Erziehung – und dies wird sich auf Ihre Teenager positiv auswirken.

Mit Begeisterung ganzheitlich erziehen

PEP4Teens lädt Eltern und Erziehende ein, die Erziehungsaufgabe an den Teenagern ganzheitlich anzugehen. Es nimmt bewährte Inhalte und Ziele christlicher Erziehung auf und führt sie weiter. Wer begeistert erzieht, ist mit allen Sinnen beteiligt. Viel mehr als Methoden überzeugen Wertschätzung und Echtheit des Erziehenden. Eltern, die einschätzen lernen, wo sie stark sind und wo schwach, wo sie erfolgreich handeln und wo sie Mühe haben, Eltern, die lernen, zu ihren Fähigkeiten und zu ihren Fehlern zu stehen – solche Eltern sind für Teenager glaubhaft. Und authentisches Leben steht bei jungen Menschen hoch im Kurs.

Selbst Fehler können sie dann verzeihen, weil sie spüren, dass es ihre „Vorgesetzten" ehrlich meinen. Eine solche Haltung kann – gerade dann, wenn es um Werte und Glaubensfragen geht – Jugendliche begeistern und überzeugen.

Wie finden Eltern und Erzieher zu dieser inneren Ehrlichkeit und Gelassenheit? Indem sie sich der Weisheit, den Grundregeln des Miteinanders, ja dem Leben selbst anvertrauen. Dies ist eine Form von Glauben: Das Zutrauen, dass es gut wird, dass es auch die Teenager in aller Regel gut meinen und richtig machen wollen.

„Glauben heißt, durch den Horizont blicken", sagt ein afrikanisches Sprichwort. Glauben heißt, hinter die Zusammenhänge des Lebens zu schauen. Diese Weitsicht – wenn Sie mir als Pfarrer diese Bemerkung gestatten – kann sehr entlasten und zur Gelassenheit beitragen – gerade in der Begegnung mit Teenagern. Dann steht man mit Schwierigkeiten und offenen Fragen nicht allein da, sondern weiß für sich sogar Gott im Bunde.

Elternkompetenz in anderen Lebensbereichen nutzen

Wussten Sie, dass Sie sich mit dem Erwerb von Elternkompetenzen auch Bausteine für die berufliche Karriere erarbeiten? Diesen „Spillover-Effekt", also das Hinüberschwappen Ihrer Elternkompetenz in den Berufsalltag oder andere Lebensbereiche, sollten Sie nutzen.

Treffend sagt eine Mutter im Werbespot auf die Frage nach ihrer beruflichen Tätigkeit: „Ich führe ein sehr erfolgreiches kleines Familienunternehmen." Gemeint ist damit die Bewältigung eines Familienalltags mit drei Kindern und Ehemann.

Und in der Tat! Unternehmer, öffentliche Arbeitgeber und Institutionen entdecken zunehmend die Elternkompetenz als Nutzen für ihre Personalentwicklung und als Kriterium für Personaleinstellungen. Das WorkLife-Institut (Darmstadt) und das Deutsche Jugendinstitut (München) haben Methoden entwickelt, die Auswirkungen der Elternkompetenz für Unternehmen sichtbar zu machen und den Effekt zu optimieren.

Berufliche Karriere durch den Spillover-Effekt bedeutet: Gewinnen Sie durch Ihr Elternsein zusätzliche berufliche Kompetenzen in den Bereichen von Organisation, Stressbewältigung, Flexibilität und Verantwortungsbewusstsein, vor allem aber im sozial-kommunikativen Bereich. Ihr Chef sollte wissen: Es hilft ihm, wenn Sie daheim trainieren.

Was PEP4Teens nicht leistet

Auf spezifische körperliche Entwicklungsschritte, die Teenager durchleben, geht das Positive Erziehungsprogramm nicht ein. Zu diesem Thema gibt es ausreichende und leicht zugängliche Literatur.

PEP4Teens ist auch kein Fachseminar für den Umgang mit psychopathologisch auffälligen Kindern. Diese benötigen neben den sieben Basics und den vorgeschlagenen Wegen zusätzliche Hilfe durch Kinder- und Jugendlichenpsychotherapeuten und/oder Ärzte für Kinder- und Jugendpsychiatrie. Für solche Situationen kann ein Kinder- oder Hausarzt entsprechende Kontakte und Fachleute nennen.

Wie Sie mit diesem Buch arbeiten

Das Ziel erreichen: Allein oder gemeinsam lernen

Dieses Buch lässt sich auf vier Arten effektiv nutzen:
1. Sie lesen es und informieren sich damit über wirksame Erziehungs-Grundsätze im Umgang mit Teenagern.
2. Sie arbeiten es zu Hause durch. Entweder gemeinsam mit Ihrem Partner, Ihrer Partnerin oder – sollten Sie allein erziehend sein – zusammen mit der Person, die Sie in Ihrer Erziehungsaufgabe unterstützt. Die Übungen und Aufgaben helfen Ihnen dabei, das Gesagte in Ihre ganz persönliche Situation zu übertragen, Ihre persönlichen Schwerpunkte festzulegen und gezielt umzusetzen.
3. Sie schließen sich mit zwei oder drei anderen Eltern oder Kollegen zusammen, die ebenfalls Kinder im Teenageralter haben oder betreuen, und arbeiten das Programm gemeinsam durch. Dies bietet Ihnen die Chance, sich in einem größeren Kreis über Fragen der praktischen Anwendung auszutauschen und miteinander zu lernen.
4. Die optimale Nutzung von PEP4Teens erfolgt in einem PEP4Teens-Elterntraining. Hier werden die PEP4Teens-Inhalte vorgestellt und direkt geübt. Der persönliche Kontakt zum PEP4Teens-Trainer und anderen Eltern motiviert, konsequent an den eigenen Erziehungszielen zu arbeiten.

Wie Sie die Inhalte des PEP-Programms durch die Teilnahme am PEP4Teens-Elterntraining und Telefon-Coaching noch intensiver nutzen können, erfahren Sie im Anhang ab Seite 149f., 155f.

Das Ziel erreichen: Welcher Lernweg bringt mir den größten Nutzen?

Eigentlich ist es ganz einfach: Es gibt nichts Gutes, außer man tut es! Vielleicht haben Sie schon etliche Vorträge über Kindererziehung gehört oder das eine oder andere Erziehungsbuch gelesen. Sie haben viele Ideen und Anregungen entdeckt. Doch – hmmm. Was ist davon geblieben? Vieles haben Sie vergessen. Nur wenige einprägsame Dinge haben Sie behalten. Und was haben Sie davon umgesetzt – so, dass es Ihren Alltag verändert hat?

Menschen lernen sehr unterschiedlich. Und was sich dauerhaft einprägt, hängt auch davon ab, was für ein Lerntyp Sie sind.

Typ 1: Ich lerne durch Einsicht am besten und setze Erkenntnisse gleich um
Dann gibt Ihnen bereits die Lektüre dieses Arbeitsbuches oder aber der Besuch einer Informationsveranstaltung über PEP4Teens viele Impulse. Termine solcher Veranstaltungen erfahren Sie im Internet unter www.pep4teens.de. Sie haben schon Wege gefunden, wie Sie das Erkannte umsetzen. Haben Sie aber Geduld. Es gibt viele Menschen, die anders lernen – vielleicht sogar Ihr eigener Partner.

Typ 2: Ich lerne gerne mit anderen zusammen und beobachte, wie es andere machen
Im Prinzip ist das eine prima Idee. Lesen Sie dieses Arbeitsbuch zusammen mit anderen im Kreis von Freunden, Kollegen oder in einem Hauskreis mit Paaren, die auch Kinder im Teenageralter haben. Tauschen Sie sich über Ihre Einsichten und neuen Erfahrungen aus. Seien Sie aber nicht enttäuscht, wenn Änderungen schwer fallen. Vielleicht gehören Sie ja doch zum 3. Lerntyp.

Typ 3: Ich lerne am besten, wenn ich das, was ich erkannt habe, auch praktisch umsetze, Rückmeldung bekomme und im Alltag unter Anleitung trainiere
Dann geht es Ihnen wie den meisten Menschen – auch mir selbst: Es geht nicht ohne Üben, Üben, Üben. Das ist zwar beschwerlich und manchmal „frustig". „Das ist halt so", sagte nach ein paar Tränen mein zweijähriges Enkelkind, als ihm ein daherfliegender Fußball eine dicke Lippe verpasst hatte.

Auf jeden Fall sind Sie beim PEP4Teens-Elterntraining völlig richtig. Sie werden im Gespräch mit anderen neue Wege entdecken. Sie gewinnen interessante Einsichten und noch besser: Sie kommen weiter, weil Sie plötzlich merken, wie Sie sich selbst verändern.

Vorgestellt: Familie Fink und Familie Lutz

Um die nachfolgenden Aufgaben und Entwicklungsschritte mit praktischen Beispielen zu verdeutlichen, stellen wir Ihnen an dieser Stelle zwei typische Familien
mit Teenagern vor. Viele der folgenden Beispiele nehmen Situationen aus diesen
beiden Familien auf.

Familie Fink

Vater: Helmut, 42 Jahre alt, Holztechniker,
leitet eine kleine Abteilung bei einem
Küchenhersteller.

Mutter: Sonja, 39 Jahre alt, seit 16
Jahren Familienfrau, gelernte Büro-
kauffrau, hat früher als Sekretärin
in Helmuts Firma gearbeitet.

Tochter: Anika Karoline (dieser
Name kommt von der Großmutter
mütterlicherseits her, alle sagen aber
nur Anika), 15 Jahre alt, 9. Klasse, hat
mit Mathe Schwierigkeiten, in Deutsch ern-
tet sie ein Lob nach dem anderen. Ihre Hobbys:
Lesen, was sie in die Finger bekommt, Mode (mit einem Hang zum Extravaganten
– ihre Haare hat sie gerade passend zur Brille mit grünen Strähnen durchzogen).
Alle paar Tage ruft ein anderer Verehrer an. Papa macht sich schon Sorgen, weil
nicht nur er seine Tochter super findet.

Sohn: Jan Maximilian (von allen nur Jan genannt), 16 Jahre alt, 10. Klasse, hat
Probleme in Englisch, in Mathe gehört er zu den fünf Klassenbesten. Seine
Hobbys: Basketball, PC-Spiele. Ein echter Computer-Freak. Mädchen sind ihm
momentan ziemlich egal. Mama schätzt seinen technischen Sachverstand. Da Papa
selten Zeit hat, dübelt Jan die Regale an die Wand und wechselt die Birnen in den
Lampen.

Familie Lutz

Mutter (allein erziehend): Inge, 37 Jahre alt, seit acht Jahren geschieden, arbeitet mit 75 Prozent als Graphikdesignerin. Eigentlich wollte sie sich einst zusammen mit ihrem Mann ganz der Familie widmen. Aber es kam anders.

Sohn: Alexander, 13 Jahre alt. Ein stiller im Lande. In derber Weise wird er in der Schulklasse gemobbt und verspottet: „Hol doch deinen starken Vater!" Hobbys hat er nur eins: Autos. Die findet er richtig cool und schmökert stundenlang in Fachmagazinen.

Tochter: Carmen, 12 Jahre alt. Hilft viel im Haushalt mit. Ihre beste Freundin ist leider vor einem Monat weggezogen. In der Schule klappt es ganz gut. Sie freut sich schon auf die 7. Klasse.

Wenn Sie beiden Familien kennen lernen wollen, können Sie die zum Buch gehörende DVD mit Szenen aus deren Alltag erwerben. Nähere Informationen entnehmen Sie dem Anhang (Seite 146).

Teil I: Positive Erziehung – die Grundlagen

Was Sie in dieser Einheit erwartet

Positive Erziehung braucht gelingende Beziehung und klare Prinzipien, Ziele und Kenntnisse über die Ursachen von Verhaltensproblemen. Sie lernen diese Begriffe kennen, wählen sich Ziele aus und setzen diese für sich selbst um. Sie erfahren Grundlegendes über die Entwicklung Ihres Kindes. Im Einzelnen geht es um folgende Aspekte:

Sieben Grundlagen effektiver Elternschaft – die 7 Basics

Diese sieben „Basics" geben Ihrem Erziehungsverhalten einen „roten Faden":
- Verlässlich Eltern sein
- Positive Beziehung fördern
- Konsequenz
- Die eigenen Werte leben
- Auf sich achten
- Sicherheit im Alltag gewährleisten
- Realistisch bleiben

Es sind Grundbausteine, die Ihnen Orientierungshilfe bieten und es ermöglichen, auch in angespannten Stresssituationen planvoll zu handeln.

Fähigkeiten fürs Leben erwerben

Wer nicht weiß, wohin er will, muss sich nicht wundern, wenn er ganz woanders herauskommt – so lautet ein Sprichwort. Das gilt auch für die Erziehung von Teenagern. Gerade bei ihnen ist es wichtig, dass die Ziele zwischen allen Beteiligten klar abgesprochen sind. Die Eltern müssen für sich klären, was sie ihren Kindern vermitteln wollen. Dabei kann Ihnen die Frage helfen: „Welche allgemeinen Ziele für die Teenager sind wichtig?" Miteinander reden und auskommen, zu sich selbst stehen können, Selbstständigkeit, Mündigkeit, kritisches und kreatives Denken gewinnen, den Umgang mit den eigenen Gefühlen lernen, Probleme selber lösen können – diese Grundfertigkeiten braucht Ihr Kind für ein selbstständiges Leben.

Ursachen für Verhaltensprobleme

Wenn es Probleme mit Teenagern gibt, sind Eltern schnell bereit, die Ursachen in äußeren Einflüssen zu suchen: in der Schule, bei Lehrern, Freunden der Kinder, in der Faulheit der Kinder, in den Medien wie Fernsehen, Computer & Co.

Doch nicht selten gibt es auch Ursachen, die auf das Verhalten der Eltern zurückgehen. Eltern geben ineffektive Aufforderungen oder missachten erwünschtes Verhalten, sie übersehen wichtige Bedürfnisse des Kindes oder vermitteln nicht genügend Orientierung.

Ziele setzen und das Verhalten beobachten

Hier wird es sehr konkret. Auf welches Ziel wollen Sie als Eltern oder Erzieher hinarbeiten? Dazu ist es nötig, Probleme zu benennen und Ursachen zu erfassen. In welchen Situationen scheitern Sie oft? Was passiert vorher und was passiert danach? Sie lernen, solche Problemsituationen genau zu beobachten.

Herausforderung Pubertät: Teenager verstehen lernen

„Kleine Kinder, kleine Sorgen; große Kinder, große Sorgen." So lautet das Sprichwort, das die Erfahrung vieler Eltern mit ihren Teenagern zusammenfasst. Zwar war die Zeit, als die Kinder klein waren, auch nicht einfach. Die Nächte waren kurz oder mehrfach unterbrochen, als das Baby schrie. Das Bezahlen an der Supermarktkasse konnte zur Tortur werden, wollten die Eltern den Wettkampf mit den vielen Lutschern, Kaugummis und anderen Süßigkeiten kurz vor dem Mittagessen gewinnen. Auch Verhaltensauffälligkeiten kosteten Nerven, wenn Hyperaktivität das Verhalten des Kindes prägte oder Teilleistungsschwächen die Hoffnung auf eine ideale Schulkarriere der Kinder zunichte machten. Insgesamt wird die Zeit bis zum Alter von zwölf Jahren jedoch von vielen Eltern als positiv erlebt. Nerviger Stress und Glück in der Begegnung mit den Kindern halten sich in der Regel die Waage.

Pubertät = Dauerstress mit den Teenagern?

Doch was Eltern nun mit ihrem werdenden Teenager erleben, stellt erlebtes Glück und die bisherige Sicherheit in Erziehungsfragen oft genug in Frage. Die Balance kann sich immer mehr in Richtung Dauerstress mit den Teenagern verlagern. Sogar die Ehezufriedenheit nimmt ab, der Haussegen hängt schief und der gute Rat der Großeltern oder lieber Freunde versagt. Was ist passiert?

Früher sagte der Vater: „Hol' bitte den Sprudel aus dem Keller!", und der Filius tat, worum der Vater ihn bat. Heute dagegen kommt als Reaktion auf dieselbe Bitte schon mal ein muffeliges: „Hol ihn doch selber!" Das ist wie ein Schlag in die Magengegend. Spätestens jetzt ahnt dieser Vater, dass sich etwas Grundlegendes verändert hat. Entweder er resigniert: „Dann mach doch, was du willst – mir egal!" Oder er greift zu Deftigem: „Solange du deine Füße unter meinen Tisch stellst, hast du zu tun, was ich dir sage! Ist das klar?"

Teenager einfach laufen lassen?

Manche Teenager rebellieren und entziehen sich dem Einfluss der Eltern ganz; andere passen sich „gehorsam" an, entwickeln aber eine innere Gegenwelt. Ein Prozess, der für den Teenager oft nicht ohne Spätfolgen bleibt.

Umgekehrt gewähren manche Eltern ihren Teenagern scheinbar große Freiheit, lassen sie aber emotional nicht los. Bindungen an und Abhängigkeit von den Eltern bleiben so lange über die Volljährigkeit hinaus und bis ins mittlere Erwachsenenalter erhalten. Dann „regieren" die Eltern in der jungen Ehe ihres ehemaligen Teenagers mit, was sich für das Paar sehr belastend auswirken kann.

Und es gibt Eltern und Erzieher, die ihre Teenager laufen lassen. Sie fühlen sich überfordert und hilflos, planvoll mit den geballten Entladungen von anstrengenden Gefühlen, der Unberechenbarkeit oder den verletzenden Verhaltensweisen ihrer Kinder umzugehen. „Augen zu und durch" heißt dann die Devise. Irgendwie wird sich alles ändern. Doch eine Folge solcher Resignation ist, dass man sich entfremdet und die Trennung herbeisehnt.

PEP4Teens macht Mut, diese Beziehungsfallen zu erkennen und sie effektiv zu vermeiden.

Teenager hinterfragen ihre Eltern

Die relativ harmonische Zeit der Kindheitsjahre und die festen Strukturen in der Beziehungsgestaltung, etwa der klare und notwendige Vorrang des Elternwillens, kommen mit der Pubertät der Kinder zunehmend ins Wanken. Die Wünsche des Kindes verändern sich. Nun entwickelt es neue Bedürfnisse:

● nach mehr Selbstständigkeit,
● nach Akzeptanz im Sinne einer partnerschaftlichen Beziehung zu den Eltern,
● nach Respekt gegenüber eigenen Weltdeutungen und Ideen,
● nach mehr Gestaltungsfreiheit der persönlichen Lebensbereiche (Zimmer, Outfit, Schule, Freundeskreis etc.).

Fürsorgende und bestimmende Erziehungsmaßnahmen werden von Teenagern immer mehr abgelehnt und kritisch hinterfragt. Das Gefühl, den Eltern gehorchen zu müssen, nimmt stetig ab. Dafür wächst der Anspruch auf Selbstständigkeit unüberhörbar, auch wenn er in krassem Widerspruch zur wirtschaftlichen Realität steht. Die gewonnene gedankliche Kraft, das eigene Handeln und das der Eltern zu reflektieren, schafft neue Handlungs- und Reaktionsmöglichkeiten. Der Teenager grenzt sich zunehmend gegen die Eltern ab. Er setzt vermehrt auf seinen eigenen Willen und stellt vieles auch argumentativ in Frage.

„Wer hat Recht? Wer setzt sich durch? Wer bestimmt in diesem Haus? Nach welchen Regeln leben wir zusammen? Welche Freiräume gewähren wir einander?" Machtkämpfe um diese Fragen führen zu Verletzungen auf allen Seiten. In Eltern erwecken sie nicht selten die Angst, sie seien mit ihren Erziehungsbemühungen auf ganzer Linie gescheitert.

Gegenseitiger Austausch ist wichtig

Nicht immer verstehen beide Elternteile gleichzeitig, dass jetzt ein grundsätzliches Umdenken im Erziehungsverhalten notwendig ist. Vielleicht entdeckt der Elternteil, der mit dem Teenager die meiste Zeit verbringt, zuerst, dass das inzwischen vielfach rebellische 13-jährige „Kind" viel zugänglicher ist, wenn die Erwachsenen Verständnis zeigen, sich in die Lage des Kindes einfühlen und mit dem Teenager einen Plan zur Lösung von Konflikten aushandeln. Teenager wollen kritisch fragen können. Sie wollen den Sinn etwa ihrer Mitarbeit im Haushalt grundsätzlich klären oder offen halten („Ob ich da mithelfe, muss ich mir zuerst überlegen.") oder wissen, warum sie wann zu Hause sein sollen.

Eltern machen dabei auch die Entdeckung, in welche Bereiche sie sich lieber nicht mehr direkt einmischen: das „Outfit", die Frisur, der Ordnungsgrad im

Jugendzimmer, der Freundeskreis – um ein paar Beispiele zu nennen. Wollen Eltern und Erzieher hier etwas erreichen, müssen sie indirekter vorgehen als zu der Zeit, in der die Kinder noch klein waren. Sie müssen diskutieren und verhandeln.

Grenzen miteinander aushandeln

Teenagern eine größere Mündigkeit zuzubilligen und bei der Erziehung indirekter vorzugehen heißt nicht, dass die Eltern ihren Einfluss aufgeben, keine Stellung mehr beziehen oder keine Grenzen mehr setzen sollen. Fürsorge und leichte Formen einer bestimmenden Einflussnahme bleiben manchmal auch gegenüber erwachsenen Kindern erhalten. Beispiele dafür sind: Eltern helfen dem jungen Paar bei der Finanzierung des ersten Autos oder der Eigentumswohnung; die Mutter springt als Babysitter ein, wenn ihre Tochter aufgrund von Weiterbildungsveranstaltungen das eigene Kind für einige Wochen nicht ausreichend versorgen kann; die Eltern bestimmen, wer was erbt.

Für die Entwicklung des Kindes ist es notwendig, dass es die Meinung, die Normen und Wertvorstellungen seiner Eltern kennt, selbst wenn es diese im Moment ablehnt. Doch bricht spätestens jetzt die Zeit an, in der die Eltern mit ihren Teenagern – wie mit anderen erwachsenen Menschen – Kompromisse aushandeln und vereinbaren müssen. Subjektiv werden solche „weicheren" und indirekten Erziehungswege von Eltern oft als zeitraubend, lästig, unnötig und als unerhörte Zumutung wahrgenommen. Selbstverständliche Dinge plötzlich auch noch aushandeln zu sollen, für eine logische Lebenseinsicht auch noch werben zu müssen, dem Kind „Flügel" zu schenken, damit es in seinem Bemühen um Selbstständigkeit und Freiheit allmählich unabhängig fliegen kann – „das darf doch wohl nicht wahr sein!" Solch ein Gedanke liegt nahe.

Und doch ist es wahr. So schwer es fällt – Eltern, die diese Veränderung verdrängen oder ignorieren, stehen in der Gefahr, in einer fast ausschließlich fürsorgenden und direkt bestimmenden Erziehung stecken zu bleiben. Sie verhängen wieder drakonische Maßnahmen, bauen Druck auf, drohen – doch all das löst den Konflikt mit den heranwachsenden Kindern nicht. Im Gegenteil, jetzt kommt es zur Eskalation, weil Eltern ihr Kind immer mehr „zum Widerspruch herausfordern" und Konflikte provozieren (vgl. Epheserbrief, Kapitel 6, Verse 1-4; dort warnt der Apostel Paulus Eltern davor, ihre Kinder „zum Zorn zu reizen", wie Luther übersetzt hat). Oder sie geben ihre Position als Eltern völlig auf und nehmen dem Teenager damit die Möglichkeit, durch Auseinandersetzung und Abgrenzung einen eigenen ethischen und weltanschaulichen Standpunkt zu finden.

Wer rebelliert mehr?

Provokativ könnte man sagen: In dieser Umstellungsphase rebellieren äußerlich zwar die Teenager. Aber auch die Eltern können rebellieren, indem sie gegen die unvermeidliche Veränderung, Lebensgesetze und Ordnungen aufbegehren und sich nur mühsam an die neue Situation anpassen.

Damit soll das oft genug widersprüchliche und unberechenbare Verhalten von Teenagern nicht verharmlost oder entschuldigt werden. Aber der Weg, wie man sie für alternative Sicht- und Verhaltensweisen gewinnen kann, muss sich verändern. Eltern und Erzieher müssen jetzt vor allem beim Teenager für eine andere Sicht werben und den notwendigen Kompromiss auf der Erwachsenenebene aushandeln. Selbstverständlich gibt es Hausregeln, die die Eltern festlegen. Selbstverständlich besitzen Eltern das Aufenthaltsbestimmungsrecht für ihr Kind bis zum 18. Lebensjahr. Selbstverständlich haben die Eltern das Recht und die Pflicht, zumindest die gesetzlichen Ausgehzeiten bei ihren Teenagern einzufordern (vgl. S. 166f.). Die Frage ist, wie sie diese Rechte wahrnehmen und durchsetzen.

Spätestens mit dem 18. Lebensjahr hat ein Kind juristisch die Selbstständigkeit und das Selbstbestimmungsrecht erreicht, auch wenn die psychische und wirtschaftliche Selbstständigkeit zu diesem Zeitpunkt oft noch lange auf sich warten lässt. Obwohl die Eltern in der Regel bis zum Abschluss einer Ausbildung finanzielle Versorgungsleistungen zu erbringen haben, kann der Teenager seinem Leben jetzt selbst die Richtung geben. Von daher empfiehlt es sich, so früh wie möglich eine angemessene Streit-, Verhandlungs- und Vertragskultur mit Ihren kleinen und großen Kindern zu entwickeln. Ein entsprechendes Verhaltensrepertoire entlastet die Beziehung, verhindert unnötigen Stress und vermittelt Ihren Kindern zugleich wichtige kommunikative Fähigkeiten. Es macht sie fit für's Leben. Und darum geht es beim PEP4Teens-Erziehungsprogramm.

Entwicklung: Die Aufgaben und die Beziehungen verändern sich

Erwachsene wünschen sich oft, dass das Kind auf direktem Weg zum jungen Erwachsenen reift. Das entspricht aber nicht der Lebenswirklichkeit.

Eltern und ihre Teenager erleben einen spannenden und aufregenden Prozess. Aus dem einstigen kleinen Kind entwickelt sich ein zunehmend die Selbstständigkeit einfordernder junger Mensch. Vieles verändert sich, manche Unsicherheit muss man aushalten und Eltern und Teenager müssen miteinander eine neue Beziehungsebene finden. Die folgende Grafik verdeutlicht diese Entwicklung.

Vom Kind zum jungen Erwachsenen

Kind: **Hohe Abhängigkeit**
Eltern: direkte Einflussnahme,
sie versorgen und bestimmen

Teenager: **Selbstständigkeit nimmt zu**
Eltern: indirekte Einflussnahme,
sie begleiten und geben mehr Freiheit

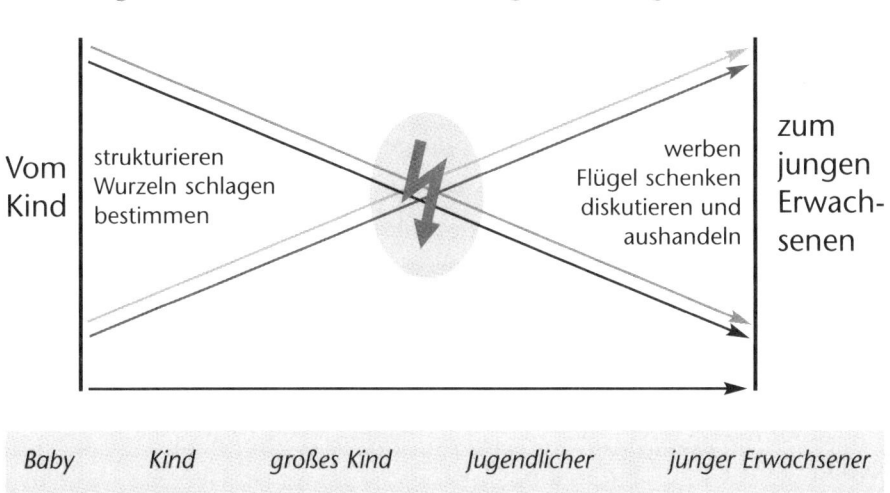

Auf der Seite der Teenager heißt die Lernaufgabe: „Von der emotionalen Abhängigkeit zu mehr Selbstständigkeit finden."

Für die Eltern lautet die Aufgabe: „Vom direkten Versorgen und Entscheiden für die Kinder hin zu mehr indirektem Begleiten und Freiheit Schenken."

Die Pfeile deuten den Entwicklungsweg an. Das Maß an emotionaler Abhängigkeit seitens der Teenager nimmt ab, die Selbstständigkeit dagegen zu. Auf der Seite der Eltern nimmt die Haltung der direkten Einflussnahme, des Versorgens und Bestimmens langsam ab, die partnerschaftliche Begleitung mit dem Wagnis, dem Teenager mehr Freiheit zuzugestehen, nimmt zu. Die Einflussnahme wird indirekter. Meist endet die Versorgungsdimension erst mit Ende der Adoleszenz, wenn der junge Erwachsene auch wirtschaftlich ganz auf eigenen Füßen steht.

Die Veränderungen des Teenagers fordern die Eltern heraus. Haben am Anfang die Eltern ihre Kinder vor allem versorgt und ihr Leben in geordnete Bahnen gelenkt, so verlangt die gelingende Begegnung mit dem Teenager zunehmend die Bereitschaft der Eltern, mehr für eine Sicht zu werben, über strittige Themen zu diskutieren, Verträge auszuhandeln und dem Teenager für eigene Erfahrungen Flügel zu schenken. Diese Umstellung zu Beginn der Pubertät fällt nicht immer leicht und oft entwickeln sich gerade an diesem Übergang die spürbaren Konflikte, die ein hohes Maß an Sensibilität sowie an sozialer Kompetenz verlangen.

Kapitel 1: Sieben Basics wirksamer Elternschaft

Wenn ein Paar sich Kinder wünscht und sie zur Familie werden, betreten sie einen sinnvollen Weg. Zu sehen, wie ein Kind auf die Welt kommt, wie es sich als Baby entwickelt, wie es seine ersten Klimmzüge und Schritte wagt, zu sprechen beginnt und zu einem ernst zu nehmenden Gegenüber wird, erfüllt Eltern mit Freude, Stolz und Glück. Wegbegleiter zu sein für junge Menschen, die zunehmend selbstständig die Verantwortung für sich ergreifen und als mündige Bürger ihren Platz im Leben finden, gibt den Eltern das Gefühl, etwas Sinnvolles im Leben getan zu haben.

Dies gilt selbst dann, wenn manches schief gelaufen oder misslungen und nicht jeder „Erziehungserfolg", den man sich einmal vorgestellt hat, tatsächlich eingetroffen ist.

Natürlich beinhaltet diese erzieherische Begleitung oft genug auch Niederlagen, Fehler und Scheitern. Aber das sollte Sie nicht entmutigen. Denn vor allen Dingen gilt: Eltern können Entscheidendes dazu beitragen, dass die Erziehung und Begleitung ihrer Kinder gelingt. Das setzt voraus, dass sie wissen, welche Ziele sie eigentlich erreichen wollen.

✎ **Übung 1: Ziele setzen**
Notieren Sie möglichst spontan einige Ziele, die Sie für sich und für Ihren/Ihre Teenager haben:

_____

_____

_____

_____

_____

Vermutlich sind Ihnen zunächst Ziele für Ihren Teenager eingefallen. Wie schön wäre es, wenn er anders wäre, zuvorkommend, hilfsbereit oder geduldig. Doch wie bei den meisten Problemen im Bereich von Beziehungen gilt auch hier der Grundsatz: Zuerst bei sich beginnen. Welche Ziele haben Sie sich selbst im Blick auf die Begegnung mit Ihrem Teenager gesetzt?

Bewährt haben sich die folgenden sieben Grundregeln und Ziele in der erzieherischen Begegnung mit Teenagern.

1. Grundregel: Bejahe deine Zuständigkeit und sei deinem Teenager ein verlässlicher Partner

Bei der ersten Grundregel geht es für die Eltern um die innere Grundentscheidung: „Jan ist und bleibt unser Sohn, Anika ist und bleibt unsere Tochter. Wir erklären uns als Eltern für zuständig und stehen zu diesem Kind – was auch passiert." Wenn Teenager Ihre Nerven belasten, dann kann es schwer werden, diese Entscheidung durchzuhalten. Manchmal wünscht man sich als Erwachsener nur noch eins: „Möge der Teenager möglichst bald das Haus verlassen und der Frieden wieder einkehren." Jeder, der sich der Erziehung von Teenagern gestellt hat, kennt solche Konfliktlagen.

Gerade hier ist es wichtig, dass Eltern eine bewusste Entscheidung treffen: Wir waren und bleiben für unser Kind zuständig und lassen dies unseren Teenager spüren. Wir bleiben für unseren Teenager ansprechbare und verlässliche Partner, auch wenn dieser Verlässlichkeit im Gegenzug erst noch erlernen muss. Und wenn wir als Eltern in dieser Haltung nachlassen sollten, weisen wir uns gegenseitig auf diese Zuständigkeit hin und machen sie uns wieder bewusst.

Helmut kann es nicht fassen. Erst auf bohrende Nachfragen rückt Jan heraus. Der 3. Vokabeltest in Englisch ging wieder schief. Wie oft hatte er seinen Sohn angehalten, sich die Englischwörter vorzunehmen und zu lernen. Als Sonja ihren Sohn zu allem Überdruss auch noch in Schutz nimmt und Helmut ermahnt, nicht so streng mit ihm zu verfahren, zieht der sich schmollend zurück. „Dann erziehe doch du ihn. Ich halte mich jetzt raus. Du wirst sehen, was aus diesem Mamasöhnchen wird!" Mit Jan spricht der Vater seit diesem Vorfall vor zwei Wochen nur noch flüchtig. Selbst den Achtungserfolg beim 4. Vokabeltest mit Note 3 ignoriert er. Als Helmuts PC nicht mehr funktioniert, bittet er demonstrativ einen Bekannten, ihn wieder einzurichten. Das trifft Jan ziemlich. Wusste er doch zu genau, wo der Fehler lag, und hätte ihn locker beheben können. Wenn der Vater nur gefragt hätte …

Sonja spürt, dass wieder einmal Sand im Getriebe ist. Zunächst wollte sie es laufen lassen. Doch sie gibt nicht auf. „Helmut kann sich nicht einfach beleidigt zurückziehen. Und dass wir unterschiedlicher Meinung sind, sollte nicht auf den Schultern von Jan ausgetragen werden", denkt sie. Sie bringt diesen Konfliktpunkt in die nächste Familienkonferenz ein (siehe dazu S. 108ff.). Auch Helmut und Jan merken, dass sie diese Sache klären müssen. Diese Aussprache hilft Helmut, sich für seinen Sohn wieder mehr zuständig zu fühlen, und er nimmt sich vor, mit Sonja die unterschiedlichen Auffassungen über konsequentes Vokabellernen zu klären.

Diese Grundhaltung sollte auch dann erhalten bleiben, wenn Eltern sich trennen. Sie mögen zwar als Paar nicht mehr zusammengehören – als Eltern sollten Sie im Interesse Ihrer Kinder aber weiterhin zusammenstehen.

Dieser Punkt kann sich recht schwierig gestalten. Die Zeit der Trennung war sehr schmerzhaft und die Verletzungen wiegen vielleicht immer noch sehr schwer. Was aber tun, wenn der Partner völlig andere Lebensvorstellungen hat und dies der Grund für die Trennung war? Wie gehe ich damit um? Was tun, wenn religiöse oder weltanschauliche Fragen uns trennen?

In der Tat gibt es hier keine einfachen Lösungen. Ein Ansatz könnte der Folgende sein: Unterscheiden Sie bewusst die Lebenswelt des Teenagers, seine Erfahrungen, Ängste und Hoffnungen von Ihrer Lebenswelt, Ihren Erfahrungen, Ängsten und Hoffnungen. Dabei helfen die folgenden Grundentscheidungen:

- Wir wollen den Paarkonflikt nicht auf den Schultern unserer Kinder austragen. Sie waren ohnehin an diesen Entscheidungen nur indirekt beteiligt.
- Mein Teenager hat seine Beziehung zu Papa/Mama, die sich von meiner Beziehung zu ihm/ihr unterscheiden darf.
- Wenn das direkte Gespräch über Absprachen der Beziehungszeiten zu den Kindern nicht gelingen will, dann wählen wir uns einen neutralen Dritten (das muss nicht der Rechtsanwalt oder Richter sein). Vielleicht gibt es in Ihrem Freundeskreis einen Bekannten, der das Vertrauen von beiden genießt und dessen Meinung Ihnen auch in diesen Fragen wichtig ist.
- Den geschehenen Scheidungskonflikt kann ich nicht mehr rückgängig machen. Ich will aber lernen, mit dieser Spannung so umzugehen, dass sie auch für meinen Teenager lebbar ist.

2. Grundregel: Fördere positive Beziehungen in der Familie

Eigentlich ist es für Anika kein Problem, die Wäsche aus der Waschmaschine zu holen, aufzuhängen, nach dem Trocknen wieder abzuhängen, zusammenzulegen und in den Schrank zu räumen. Bei ihrer Patentante Elfriede, die drei Häuser weiter wohnt, erledigt sie diese Aufgaben freiwillig und genießt dabei jedes Mal ein bis zwei Stunden ohne „Elternstress". Denn dort darf sie so sein, wie sie ist, von ihr wird sie anerkannt und liebevoll mit viel Verständnis umsorgt. Daheim dagegen nerven sie die ständigen Nörgeleien ihrer Mutter an ihrer Haarfarbe und am Zustand ihres Zimmers ohne Ende. „Anika, mach endlich deine Wäsche fertig!" Sie versteht diesen Satz sehr gut auch durch die geschlossene Zimmertüre, macht aber lieber die Musik lauter, um die unangenehme Aufforderung nicht mehr hören zu müssen.

Was macht die Patentante anders?

Wenn die Beziehung zueinander gelingt, gelingt meistens auch die Lösung der anstehenden Probleme.[1] Dies gilt für das Miteinander von Vater und Mutter, Eltern und Kindern und der Kinder untereinander. Nur, was stiftet positive Beziehung?

Eine Pflanze wird bei guter Pflege ihre volle Pracht entfalten; vernachlässigt man sie, kümmert sie vor sich hin. Ähnliches gilt für die Beziehungen unter Familienangehörigen. Und wie es für Pflanzen bestimmte Düngemittel und Pflegemaßnahmen gibt, so gibt es sie auch für Beziehungen. Zu diesen „Beziehungspflegemitteln" zählen im Blick auf Teenager folgende Punkte:

Wertschätzung: Schenken Sie Ihrem Teenager bedingungslose Wertschätzung. Trotz allem, was Sie an ihm kritisieren – es ist Ihr Kind und bleibt Ihnen anvertraut. Diese Wertschätzung ist an keine Voraussetzung gebunden. Manchmal (und in der Teenagerzeit sehr häufig) muss man sich zu dieser Wertschätzung bewusst entscheiden. Und: Man muss sie ausdrücken:

- Zeigen Sie ihm Ihren Respekt. Wertschätzung muss ausgedrückt werden, sonst kann sie niemand wahrnehmen. Geben Sie positive Rückmeldungen, wo immer Sie auch Positives wahrnehmen. Erwischen Sie Ihren Teenager bei guten Taten. Das muss man ganz bewusst üben!
- Trauen Sie ihm eigene Wege zu und halten Sie ihn für fähig, selbst gute Lösungen zu finden.
- Nehmen Sie sich Zeit für Ihren Teenager – auch darin zeigt sich Wertschätzung. Dabei ist nicht immer die Menge der Zeit wichtig. Entscheidend ist die Qualität, wie intensiv Sie sich ihm für eine, 10 oder 30 Minuten zuwenden.

Verständnis: Versuchen Sie, die Gefühlslage Ihres Teenagers zu verstehen.

- Nehmen Sie Anteil an Freude und Leid, an Erfolg und Niederlagen, an Selbstbewusstsein und Selbstzweifel und signalisieren Sie ihm, dass Sie sich vorstellen können, wie er sich fühlt.
- Zeigen Sie Interesse. Es ist nicht immer einfach, sich in die Lebenswirklichkeit junger Menschen einzufühlen. Manches kommt einem fremd vor, fragwürdig oder „daneben". Umso wichtiger ist es, sich bewusst für die Welt Ihres Teenagers zu interessieren. Wie heißen seine Freunde? Welche Interessen hat er gerade? Wie heißt die Musik, die er liebt? In welchen Schulfächern erlebt er Positives oder Negatives? Hören Sie bei den Antworten bewusst zu. Achten Sie neben den Inhalten besonders auf die Gefühle, die der Teenager ausdrückt und vermittelt. Spiegeln Sie wider, was Sie verstanden haben, und lassen Sie sich bestätigen, ob Ihr Eindruck auch den Tatsachen entspricht.

Wenn sich die Gesprächspartner aufmachen, sich besser zu verstehen, lassen sich auch Konflikte leichter ansprechen und klären. Das nachfolgende Beispiel zeigt auch, dass verstehen nicht heißt, dem anderen immer Recht zu geben.

Bisher neigte Sonja zu heftigen Reaktionen, wenn Anika zu spät nach Hause kam. Etwa so: „Das ist ja unmöglich. Wie kannst du wieder zu spät kommen. Es ist kein Verlass auf dich!"

Anika: „Mama, du verstehst mich nicht. Das war nämlich so …"
Doch Sonja fällt ihr ins Wort: „Du kannst sagen, was du willst, zu spät ist zu spät. Alles andere interessiert mich nicht."

Lernt Sonja, besser zuzuhören und zu verstehen, kann ein anderes Gespräch zustande kommen, das Sachfragen klärt und die Beziehung positiv hält.

Sonja lässt ihre Tochter ausreden und sagt dann zu Anika: „Okay, ich habe jetzt verstanden. Du wolltest nicht als Spielverderber dastehen und bist daher bis halb zwölf bei deinen Freunden geblieben und über eine Stunde zu spät nach Hause gekommen. Auf der anderen Seite: Kannst du verstehen, wie mich das geärgert hat?

Ich habe mir Sorgen gemacht. Wir haben eine klare Vereinbarung getroffen und du hast dich daran nicht gehalten! Wir müssen das zukünftig besser klären, damit du bei deinen Freundinnen nicht als Spielverderber dastehst und ich mich nicht ärgern und unnötig sorgen muss. Hast du dafür einen Vorschlag?"

Echtheit: Bleiben Sie echt! Echt sein, ehrlich sein bedeutet nicht, dass ich alles sagen muss, was ich denke. Aber das, was ich sage, sollte mit dem übereinstimmen, was ich denke und fühle. Wenn Sie sich im Grunde über Ihren Teenager freuen, weil er eine Situation, die zwar anders abgesprochen war, dennoch überzeugend gelöst hat, dann sollten Sie nicht „sauer" sein oder um eines Prinzips willen schimpfen. Legen Sie den Akzent lieber auf das, was Sie anerkennen können. Aber loben Sie auch nicht um des Lobens willen. Teenager merken, ob Sie es wirklich so meinen.

Helmut könnte zu Jan sagen: „Du, eigentlich war das alles anders abgesprochen. Aber du hast mich damit, wie du das ge-

löst hast, ziemlich überrascht. Das war wirklich pfiffig."

Wohlwollende Atmosphäre: Schaffen Sie eine Atmosphäre, in der sich Ihr Teenager angenommen und willkommen fühlt. Schenken Sie ihm oder ihr ein Lächeln, machen Sie eine anerkennende Geste, finden Sie tröstende Worte und zeigen Sie Ihrem Teenager in allem damit: Du bist mir wichtig. Dazu gehört auch, etwas Gemeinsames miteinander zu erleben oder ein gemeinsames Projekt zu verfolgen.

3. Grundregel: Fördere verbindliche Absprachen, sei konsequent

Konsequenz und Verbindlichkeit – dies sind heikle Themen und zugleich die Nummer 1 der Dauerkonflikte zwischen Erwachsenen und Heranwachsenden.

Sonja reicht es. Zum x-ten Mal forderte sie an diesem Freitagnachmittag Anika auf, ihr Zimmer in Ordnung zu bringen. Doch ohne Erfolg. Anika hat gute Gegenargumente.

Zuerst: „Ich muss noch Mathe machen …"

Dann eine Stunde später: „Geht nicht, muss mir gerade meine Haare färben."

Sonja: „Wenn du dein Zimmer nicht in Ordnung bringst, weiß ich nicht, ob du heute Abend ins Kino kannst."

Schließlich kurz vor 19 Uhr: „Mama, das kannst du jetzt nicht von mir verlangen. In einer halben Stunde kommen meine Freundinnen und wir wollen pünktlich gehen. Das weißt du doch!"

Sonja kann sich nicht mehr zurückhalten. „Schluss jetzt. Ich habe genug von deinen faulen Ausreden. Der Kinoabend ist gestrichen. Du bleibst zu Hause!"

Anika ist geknickt und wird aggressiv: „Das lasse ich mir von dir nicht verbieten!" Sie verzieht sich auf ihr Zimmer.

Sonja versucht ihren Mann im Vereinsheim zu erreichen.

Währenddessen klingelt es. Anika rennt zur Tür. Die Freundinnen sind da. Sonja hört nur noch: „Und Tschüss."

Helmut versucht am Telefon seine Frau zu beruhigen. Er meint, dass junge Leute gerne ins Kino gehen wollen. Das sei ganz in Ordnung. Sonja fühlt sich von ihm überhaupt nicht verstanden.

Viele Eltern erleben – wie Sonja – beim Thema Konsequenzen und Einhalten von Absprachen immer wieder große Niederlagen. Ein Blick auf die genaueren Umstände solcher Niederlagen zeigt: Oftmals sind sie geradezu durch das eigene Verhalten „vorprogrammiert". Umso mehr lohnt es sich, an diesem Punkt zu arbeiten.

Sonja bittet ihren Mann Helmut noch am selben Abend, diesen Konflikt in einem Elterngespräch zunächst ohne Anika zu klären. Beiden gelingt eine relativ ruhige Aussprache. Sonja entdeckt dabei, dass die Frage des Zimmeraufräumens nicht klar mit Anika abgesprochen war. Auch die dann aus der Wut heraus angedrohte Konsequenz (Streichen des Kinoabends) kam ohne „Vorwarnung" und führte zum Protest von Anika.

Und Anika spürte, dass sie mit dem Wohlwollen ihres Vaters rechnen konnte. Deshalb setzte sie ihren Willen durch. Das Kalkül ging für den Moment auf.

Nachdem Sonja die Sache mit Helmut klären konnte, vereinbarten sie ein Gespräch mit Anika, um für solche Situationen eine klare Regel zu vereinbaren. Helmut sicherte Sonja zu, diese Regel dann ebenso zu übernehmen und nicht für Anika Partei gegen Sonja zu ergreifen.

Schon das kleine Kind hat ein Recht darauf, die Konsequenzen seines Verhaltens erleben zu dürfen. Aber oft neigen Väter und Mütter dazu, „goldene Brücken" zu bauen, die angekündigte Konsequenz im Ernstfall doch nicht folgen zu lassen.

Bei kleinen Kindern geben meistens die Eltern vor, welches Verhalten angemessen ist und welches nicht und was die Konsequenzen für Fehlverhalten sind. Wenn die Kinder älter werden, ist es wichtig, sie an diesen Regeln zu beteiligen, mit ihnen verbindliche Absprachen auszuhandeln und (auch schriftlich) festzuhalten. Wie gehe ich angemessen mit Geschwisterkindern um? Welche Konsequenzen folgen im Streitfall? Wie sollen sich Eltern verhalten, wenn Absprachen nicht eingehalten werden?

Sprechen Sie die Konfliktpunkte im Zusammenleben an. Familiendiskussionen und -konferenzen (siehe Seite 108ff.) oder der Abschluss von so genannten sozialen Verträgen (siehe Seite 97ff.) bieten gute methodische Hilfen, wie Sie mit Ihrem Teenager zusammen eine für beide Seiten annehmbare Lösung erarbeiten. Ob es Ausgehregeln sind, Terminabsprachen, die Einteilung von Mitarbeit im Haushalt – Sie vermeiden dadurch Konflikte.

Helfen Sie Ihrem Teenager, dass er lernt: Jedes Familienmitglied trägt Mitverantwortung für das Gelingen des Zusammenlebens in der Familie. Gemeinsam handeln Sie aus, wer Zugeständnisse erhält, wer besondere Pflichten übernimmt und wie die Aufgaben erfüllt werden sollen. Erwartungen können ausgesprochen und zukünftiges Verhalten abgesprochen werden.

Miteinander regeln Sie, welche Konsequenzen es mit sich bringt, wenn Absprachen missachtet werden. Mögliche Konsequenzen gelten selbstverständlich für beide Seiten, für Kinder, aber auch für die Eltern, sollten diese sich an die Absprache nicht halten.

Wie dies konkret aussehen könnte und welche Hilfen dabei wichtig sind, erfahren Sie in Teil III (ab Seite 96).

4. Grundregel: Lebe deine Überzeugungen

Alle Eltern und Erzieher haben Wertvorstellungen, Glaubensüberzeugungen und Normen für ihr Handeln.[2] Machen Sie sich als Erwachsener einmal bewusst (auch schriftlich), wie Ihre „Glaubenssätze" lauten, was Ihnen wirklich „heilig" ist. Das könnten Leitsätze sein wie: „Nur die Leistung zählt." Oder: „Von nichts kommt nichts." Oder: „Wer nicht wagt, der nicht gewinnt." Oder etwas ganz anderes. Mit Religion hat das nicht immer zu tun.

Eine wichtige Entwicklungsaufgabe für Ihren Teenager ist es, eigene Werte und Normen zu entwickeln. Dies kann bedeuten, dass sich Ihr Sohn oder Ihre Tochter mehr an den Überzeugungen der Gleichaltrigen orientiert als an denen seiner Eltern. Es kommt auch vor, dass sich ein Teenager ganz gegen die Welt- und Glaubensvorstellungen seiner Eltern entscheidet.

Anika hat ihre Tage. Es geht ihr nicht ganz so gut wie sonst. Zusätzlich ist für den morgigen Schultag eine Klassenarbeit in Mathe angesagt. Schon am Abend klagt sie über Beschwerden. Sonja sieht darin einen Zusammenhang. Ihre Überzeugungen lauten: „Wehleidigkeit wird nicht unterstützt." und: „Ehrlich bleiben."

Anika: „Aber Mama, wenn ich morgen in die Schule gehe und so Bauchweh habe, verhaue ich auch diese Mathearbeit. Willst du das?"

Sonja: „Anika, ich verstehe, dass du keine Lust hast, mit Bauchweh eine Mathearbeit zu schreiben. Aber du kannst nicht wegen jeder Kleinigkeit die Schule schwänzen!"

Anika reagiert verschnupft: „Du verstehst mich nicht …", und zieht sich in ihr Zimmer zurück. Sonja achtet auf ihr „Bauchgefühl" und sieht Gesprächsbedarf zum Thema Ehrlichkeit.

Wichtig ist, dass der Jugendliche die Vorstellungen seiner Eltern kennt. Er nimmt zwar das meiste durch Nachahmen und Erleben unausgesprochen wahr, aber manches sollte auch diskutiert und in einem guten Sinne „umkämpft" werden, wenn es für den Teenager Bedeutung haben soll. Manche Jugendliche grenzen sich ab, indem sie die Werte und Überzeugungen der Eltern noch verstärken und überbieten.

Vielleicht verstehen Sie sich als christliche Eltern, besuchen Gottesdienste und versuchen, sich in Ihrer Gemeinde zu engagieren. Aber Ihr Teenager, der in der Familie von klein auf Ihre Überzeugungen und die Ihrer Freunde kennen gelernt hat, findet dies alles plötzlich zu lasch und sucht nach radikaleren Werten. Andere verlassen das bisherige Denk- und Glaubensgebäude ihrer Eltern ganz. Sie übernehmen Normen und Werte, die für die Eltern unverständlich und erschreckend sind.

Gibt es einen Weg für Eltern, es im Blick auf die eigenen Überzeugungen Teenagern gegenüber richtig zu machen? Wie kann man sie für Überzeugungen gewinnen, die Sie als Eltern beflügelt haben und für die Sie sich einsetzen?

Wenn Sie Ihren Kindern ein tragfähiges Wertefundament vermitteln wollen, beachten Sie folgende Grundregeln:

- *Zeigen Sie* Ihrem Kind, *was Ihnen* wirklich *wichtig ist.* Sind es bestimmte menschliche Werte wie Toleranz, Hilfsbereitschaft, soziales Engagement? Dann leben Sie vor, was Sie damit verbinden.

  Ist es eine religiöse oder eine politische Überzeugung? Dann sprechen Sie darüber und versuchen Sie, Ihren Glauben im Alltag sichtbar werden zu lassen. Dies kann sich in konkreten Alltagsentscheidungen zeigen, etwa der Frage danach, an welchen Wertvorstellungen man sich in einer Konfliktsituation orientiert. Es kann aber auch der Einsatz für einen anderen Menschen sein, der Not erlebt.

- *Sprechen Sie* als Eltern mit Ihren Kindern *über Ihre Gründe für bestimmte Entscheidungen* oder ein bestimmtes Engagement. Vielleicht sind Sie dies bisher noch nicht gewohnt. Dann wäre es gut, dieses Gespräch einzuüben. Vielleicht können Sie bei anderen, die ein solches Gespräch schon praktizieren, Tipps und Hilfestellung einholen.

- *Vermitteln Sie* Ihren Glauben und Ihre Wertvorstellungen so *ganzheitlich* wie möglich. Das bedeutet, nicht nur über Ihre Grundüberzeugungen zu reden, sondern auch danach zu handeln. Teenager sind sehr kritische Wegbegleiter, die Eltern hinterfragen und konfrontieren. Bloße Lippenbekenntnisse entlarven sie rasch als „Lebenslüge“. Punkte, bei denen sie spüren, dass es ihren Eltern wirklich ernst damit ist, respektieren sie.

- *Bleiben Sie* auch dabei *echt*. Glauben heißt nicht, ständig ein verklärtes Lächeln auf den Lippen zu haben. Vielmehr kann sich der Glaube in jeder Gefühlslage Ausdruck verschaffen: Bringen Sie Ihre Dankbarkeit zum Ausdruck, wenn Sie Gutes erlebt haben. Formulieren Sie im Gebet Bitten und Klagen, wenn Sie gerade Schweres erleben. Wenn Ihnen selbst an Ihrer Gemeinde etwas „aufstößt“, sollten Sie dies Ihrem Teenager gegenüber nicht schönreden, sondern offen ansprechen.

  Wenn Sie selbst an der einen oder anderen Stelle in Glaubensfragen Zweifel haben oder unsicher sind, dann stehen Sie dazu und überspielen Sie es nicht. Echtheit macht Sie glaubwürdiger und Ihre Werte attraktiver. Ein Glaube, der „in guten wie in schlechten Tagen“, in Kritik ebenso wie in der Bereitschaft, sich auch für eine „unvollkommene“ Gemeinde zu engagieren, sichtbar wird, gewinnt an Attraktivität. Gerade Teenager wollen Normen und Werte hautnah: spürbar, sichtbar, hörbar, lebbar.

- *Lassen Sie andere Überzeugungen Ihres Teenagers wertschätzend stehen.* Es ist sein Vorrecht, gerade in Fragen der Wertvorstellungen und Glaubensfragen zu anderen Überzeugungen zu gelangen. Vieles ist in der Pubertätszeit in Bewegung und manches reguliert sich von allein wieder.

  Von Ihnen als Eltern ist hier ein partnerschaftliches Ringen gefordert. Natürlich können Sie Ihr Kind einladen und ermutigen, Ihre Überzeugung zu teilen. Doch wichtig ist es, Freiheit und Offenheit für einen eigenständigen Weg Ihres Kindes zu signalisieren. Eltern, denen das Gebet vertraut ist, greifen ohnehin auf eine entlastende Möglichkeit zurück: Sie können ihren Teenager Gott anvertrauen.

Bisher war es bei Familie Fink üblich, den Gottesdienst an Heiligabend zu besuchen. Zwei Tage vorher meldet Jan an, dass er nicht mitkommen will. Er möchte mit Internetfreunden bei einer LAN-Party ein „Christmas-Game" online spielen. Die Erwartungen kollidieren. Auf der einen Seite der Wunsch der Eltern, Weihnachten gemeinsam zu feiern. Auf der anderen Seite der Sohn, der es vorzieht, mit den Freunden am PC zu sitzen. Für das Abendessen ist ein Gespräch anberaumt, um nach Wegen und Kompromissen zu suchen.

Helmut „reißt" sich zusammen: „Ich finde das schon ein starkes Stück, was du da vorhast. Weihnachten ist ein Familienfest. Mir tut es weh, dass du dieses Mal nicht dabei sein willst. Eigentlich bin ich zornig und würde es dir am liebsten verbieten. Auf der anderen Seite finde ich es auch blöd, dich zum Gottesdienst zu zwingen ..."

Sonja: „Jan, ich habe mich so auf das gemeinsame Essen gefreut. Ich finde, es ist kein richtiges Weihnachten, wenn du nicht dabei bist. Irgendwie bin ich auch enttäuscht. Aber ich verstehe auch, dass dir deine Freunde sehr wichtig sind."

Jan: „Ich bin doch dann dabei, wenn wir am 1. Weihnachtstag zu Oma und Opa fahren. Da ist doch immer noch Weihnachten".

Anika: „Spinnst du? Heiligabend ist Heiligabend. Ich finde das auch blöd, wenn du nicht dabei bist. Was sagen denn die Eltern deiner Freunde dazu?"

Jan: „Die sind cooler."

Anika: „Glaub ich nicht."

Helmut: „Ich muss zuerst darüber schlafen."

An diesem Abend finden Finks keine Lösung. Beim Mittagessen am nächsten Tag geht das Gespräch weiter.

Helmut: „Ich möchte das Thema Heiligabend nochmals ansprechen. Nach wie vor finde ich es nicht okay, dass du den Abend bei Freunden am PC verbringen willst. Doch bevor ich dich zwinge und du die ganze Zeit mit mieser Laune dasitzt, geschweige denn so zum Gottesdienst mitgehst, ist es wohl besser, du entscheidest, wie du willst. Es fällt mir zwar sehr schwer, deine Sichtweise zu verstehen. Teilen kann ich sie nicht. Aber ich habe mich entschieden, deine Überzeugung stehen zu lassen."

Jan schwächt ab: „Es kann sein, dass wir uns erst am 2. Weihnachtstag treffen."

Sonja: „Wieso?"

Jan: „Svens Eltern wollen an Heiligabend doch keine LAN-Party zulassen." Am Nachmittag gibt Jan endgültig Entwarnung: „Wir treffen uns am 2. Weihnachtstag – hoffentlich seid ihr jetzt zufrieden."

Sonja bedankt sich. Helmut lenkt ab und fragt Jan, ob er mithelfen möchte, den Christbaum aufzubauen und zu schmücken.

Jan stimmt zu: „Okay, dieses Mal soll er aber gerade stehen."

Anika greift ein: „Ich will aber die Spitze montieren!"

5. Grundregel: Achte auf dich selbst

Die Zeit mit Teenagern – aber auch mit jüngeren Kindern – kann sehr fordernd und belastend sein. Manchmal nimmt unter der alltäglichen Anspannung sogar die Zufriedenheit der Partner in der Ehe ab. Wer in dieser Herausforderung bestehen will, sollte folgenden Grundsatz beherzigen: Geht es Mama und Papa gut, kann es auch dem Teenager gut gehen. Geht es schon den Eltern schlecht, ist die Wahrscheinlichkeit geringer, dass es den Kindern gut geht.

Und dass es Ihnen als Eltern, ob verheiratet oder allein erziehend, „gut" geht, dafür müssen Sie selbst Sorge tragen.

Eines hat Inge nach der Scheidung schnell gelernt. Wenn sie mit ihren beiden Kindern überleben will, dann kommt es darauf an, dass sie gut für sich selbst sorgt. Und da können die anderen sagen, was sie wollen: Wenn sie am Donnerstag nach der Arbeit schnell noch einkaufen geht, nimmt sie sich eine Viertelstunde beim Bäcker Zeit und genießt ganz allein für sich eine Butterbrezel mit einem herrlichen Capuccino. Sie mag ihn süß. Ihre Linie ist ihr in diesem Moment egal. „Diese kleine Alltagsinsel muss sein", ist sie überzeugt.

Schon in der Schöpfungsgeschichte steht der Hinweis, dass Gott am siebten Tag von seinen Werken ruhte. Der erfahrene Apostel Paulus schreibt an seinen noch recht jungen Mitarbeiter Timotheus: „Achte auf dich selbst" (1. Timotheus 4,16). Übertragen könnte man formulieren: „Passe bei allem Stress, den die Arbeit und der Alltag mit sich bringen, gut auf dich selbst auf. Achte auf das, was du denkst, was du glaubst, was deine Gedanken beschäftigt. Geh dir nicht selbst verloren."

Ein überfüllter Terminkalender, Sorgen über die Zukunft, ungelöste Probleme mit den Kindern oder in der Partnerschaft können uns schnell die Luft zum Atmen nehmen. Wie schnell beschäftigt man sich nur noch mit dem Fehlverhalten des Teenagers oder mit anderen Problemen. Und trägt dadurch dazu bei, dass die wirklichen Probleme größer erscheinen, als sie möglicherweise sind.

Was hilft? Abstand gewinnen, sich genügend Zeit zur Erholung nehmen, zum Rückzug, zur Geselligkeit, für ein Hobby, für das Zusammensein mit anderen und für kleine „Belohnungen". Das gilt für den Einzelnen ebenso wie für die Eltern als Paar.

Jeder Erziehende muss für sich selbst, allein oder mit dem Partner, die Frage beantworten: Wie kann ich in meinem Alltag die Balance von Stress und Erholung aufrechterhalten? Welche Strategien finde ich, finden wir, damit Anspannung und Entspannung, Arbeit und Ruhen, Alltag und Fest in einem guten Verhältnis zueinander stehen und genügend Zeit für Regeneration und Erholung bleibt?

Dabei sollten Eltern und Alleinerziehende darauf achten, dass sie nicht auf der anderen Seite vom Pferd fallen und „nur noch" ihren eigenen Bedürfnissen folgen. Es kommt wie bei vielen Dingen auf das rechte Maß an.

6. Grundregel: Hilf deinem Teenager bei der sicheren Bewältigung des Alltags

Zunehmend müssen älter werdende Kinder lernen, für die sichere Bewältigung des Alltags selbst Verantwortung zu übernehmen. Schon in der vierten Klasse der Grundschule gibt es eine Fahrschule fürs Radfahren. Kinder werden in die Verkehrsregeln eingeführt, lernen sicheres Verhalten und erwerben Grundkenntnisse darüber, was zur Sicherheit eines Fahrrads gehört. Vielen Kindern macht dies großen Spaß. Einen Führerschein zu erhalten, selbst am Straßenverkehr teilnehmen zu dürfen, dazuzugehören – das stärkt das Selbstbewusstsein und fördert ein gutes Selbstwertgefühl.

Für Teenager ist es besonders wichtig, entsprechende Erfahrungen zu machen. Haben Sie als Eltern Mut, Ihren Teenager mit 13 oder 14 Jahren an Werkzeuge, Geräte, Maschinen, Motoren oder soziale Aufgaben heranzuführen, die die Kompetenz zur verantwortungsvollen und sicheren Bewältigung solcher Aufgaben wie Rasenmähen und Kochen fördern.

Inge überträgt Alexander das Heckenschneiden. Ihm hilft dabei ein Bekannter von Inge, der als Landschaftsgärtner den Umgang mit diesen Geräten gewohnt ist. Er zeigt Alexander und Inge, wie man die elektrische Heckenschere bedient.

Natürlich kann es sein, dass Alexander die Hecke beim ersten selbstständigen Einsatz nicht gerade schneidet. Aber dafür hat er gelernt, wie man mit einer elektrischen Heckenschere umgeht, sich sicher auf einer Leiter bewegt und verantwortlich das Kabel so nachführt, dass es nicht durchtrennt wird. Der gerade Schnitt kommt dann mit zunehmender Übung beim zweiten oder dritten Mal.

Zur sicheren Bewältigung des Alltags gehören bei Teenagern aber nicht nur die Aufgaben, die sich aus dem täglichen Leben ergeben. Die Gruppe der Gleichaltrigen wird immer wichtiger. Ihr Teenager lebt in zunehmendem Maß in Außenbeziehungen (Schule, Freundeskreis, Gemeinde, Sportverein, Internet etc.). Er wird mit neuen Normen und Vorstellungen, aber auch Gefahren konfrontiert und muss lernen, damit selbstständig und verantwortlich umzugehen.

Wie können Sie als Eltern und Erzieher beispielsweise mithelfen, dass Ihr Teenager Drogenangebote ablehnt, Alkohol meidet, sich von Jugendgewalt und Ausländerfeindlichkeit distanziert? Hier ist es notwendig, dass Sie sich informieren, im Gespräch mit Ihrem Teenager bleiben und mutig Position beziehen.

Sonja fand es gar nicht lustig, als Anika mit einer Schachtel Zigaretten heimkam und erklärte: „Übrigens, ab jetzt rauche ich auch!" Sagte dies und verschwand in ihrem Zimmer. Daraus ergab sich folgender kurzer Dialog:

Anika: „Papa raucht auch!"

Sonja: „Aber nur manchmal nach dem Essen im Restaurant."

Anika: „Und ich eben daheim!"

Nach einem Gespräch entschließen sich beide Eltern, dieses Thema in einer Familienkonferenz anzusprechen und mit Sohn und Tochter Regeln zu vereinbaren. Ihr Ziel ist es, dass Anika das Rauchen lässt. Sollte sie jedoch weiter darauf bestehen, dann sollen folgende Regeln gelten:

1. In der Wohnung wird nicht geraucht.

2. Annika raucht nicht mehr als drei Zigaretten am Tag.

In der Familienkonferenz verläuft das Gespräch wie folgt.

Sonja: „Anika, dass du hier bei uns rauchst, setzt mir ziemlich zu. Ich habe mich informiert und erfahren, dass das auch andere deiner Freunde machen. Ich kann mir denken, dass du mithalten möchtest."

Anika: „Nein, das stimmt nicht. Ich finde Rauchen einfach cool."

Helmut: „Das mag ja sein, aber da wir hier auch in einer Wohngemeinschaft zusammenleben, finde ich, dass dies besprochen und geregelt werden muss."

Immerhin bist du die einzige, die hier raucht."

Jan: „Mir stinkt das, wenn der Rauch durchs Fenster in mein Zimmer zieht. Rauch doch vor dem Haus."

Helmut: „Anika, du sollst wissen, dass wir es absolut nicht gut finden, dass du rauchst …"

Anika: „Weiß ich!"

Helmut: „… was du aber vielleicht nicht weißt: Mama und ich haben überlegt, dass du letztlich selber herausfinden musst, ob du rauchen willst oder nicht. Wir wollen es dir nicht verbieten. Wir wollen auch nicht, dass du es heimlich tust und uns dann belügst, wenn wir es bemerken. Auf der anderen Seite ist es uns aber wichtig, dass wir als Familie zu diesem Thema bestimmte Regeln einhalten."

Anika: „Und die wären?"

Sonja: „Wir bitten dich, im Haus nicht zu rauchen. Wenn du rauchen willst, dann gehe bitte vor das Haus oder auf den Balkon. Und dann bitten wir dich – weil wir Sorgen um deine Gesundheit haben –, dich auf zwei oder drei Zigaretten am Tag zu beschränken."

Anika: „Draußen rauchen ist okay. Aber wie viele ich rauche, will ich selbst entscheiden."

Helmut: „Gut, das ist vielleicht auch eine Frage der Finanzen."

Anika: „Mach dir da keine Sorgen, ich habe meine Quellen …"

Wie können Sie mit Ihrem Teenager im Gespräch über ein Ihnen wichtiges Thema bleiben? Hier eine erprobte Möglichkeit, bei den Kindern Interesse zu einem Thema zu wecken und mit ihnen anschließend ins Gespräch zu kommen, die im PEP-Training zur Sprache kam:[3]

Helmut: „Ich sehe ein, dass ich dir das Rauchen und auch die Menge der Zigaretten nicht verbieten kann, aber ich bitte dich, dass wir über das Thema Rauchen im Gespräch bleiben. Ich habe Zeitungsartikel zum Thema Rauchen gesammelt und bin dabei, ein Quiz daraus zu machen.

Wenn du mitmachst und die Fragen löst und anschließend mit uns darüber sprichst, dann unterstütze ich gerne deinen nächsten Hosenkauf."

Anika: „Geld für Zigaretten wäre mir lieber … Aber ist schon okay. Wir können reden."

Auch ist es wichtig, den Teenager in die Folgen für sein Handeln einzubeziehen. Viele Jugendliche sind in der Lage, ihr Tun einzuschätzen und sich Konsequenzen zu überlegen, die eine echte Strafe sind, weil sie ihnen wirklich „wehtun".

Sonja: „Was machen wir, wenn du mal doch in der Wohnung rauchst? Hast du da einen Vorschlag?"

Anika: „Dann bekomme ich eine Woche Rauchverbot."

Sonja: „Und wirst du dich daran halten?"

Anika: „Ja, traut ihr mir nicht?"

Jan: „Das will ich sehen."

Sonja: „Ich setze darauf, dass du dein Versprechen hältst."

Sonja und Helmut sind zuversichtlich, dass jetzt eine faire und für alle akzeptable Regelung gefunden wurde.

7. Grundregel: Bleibe in deinen Erwartungen realistisch

Teenager äußern manchmal Wünsche an ihre Eltern, die unrealistisch und unerfüllbar sind. Dies gilt aber auch umgekehrt. Eltern hegen Erwartungen, die ihre Teenager überfordern – seien es schulische Leistungen, eine bestimmte Berufswahl, die Art der Freunde oder auch nur bestimmte Verhaltensweisen.

Wenn die Kinder sich nicht so entwickeln oder verhalten, wie es den Erwartungen der Eltern entspricht, dann wünschen Eltern oft, dass der Teenager das unerwünschte Verhalten sofort abstellt, dass er sich verändert. Dann wäre ihre Welt wieder in Ordnung.

Doch so einfach geht das nicht. Sowenig Sie bei sich selbst ein bestimmtes Verhalten einfach „abstellen" können, sowenig gelingt dies Ihren Teenagern. Oft entsteht dadurch ein Problem, dass die Erwartungen seitens der Eltern einfach zu hoch sind.

Machen Sie sich klar: Oft sind nur *kleine Schritte* möglich. Und ein einzelner kleiner Schritt, den ein Teenager oder den die Eltern zusammen mit ihrem Teenager schaffen, ist tausendmal mehr wert als zehn ganz große Vorhaben, die niemand ausführen kann. Ein Erfolg, und sei er noch so klein, ermutigt mehr als alles andere. Überzogene Erwartungen ziehen nach unten und entmutigen. Sie belasten nicht nur das Miteinander, sondern auch das Selbstwertgefühl und die Selbstsicht Ihres Teenagers.

Inge im Gespräch mit einer anderen Mutter aus Alexanders Klasse: „Alexander hat gerade einen Durchhänger. Vielleicht will er testen, was passiert, wenn man sich für Schule nicht mehr engagiert. Nun, es kann auch sein, dass er bei diesem schwierigen Klassenklima auch gar nicht mehr in dieser Klasse bleiben will."

Die andere Mutter: „Dann verliert er ja ein ganzes Jahr!"

Inge: „Stimmt, aber ist das so schlimm? Alexander gewinnt damit neue Erfahrungen. Er muss sich mit der neuen Rolle in einer neuen Schulklasse auseinander setzen. Er gehört plötzlich zu den Älteren, nicht mehr zu den Kleinen und Schikanierten. Außerdem kennt er den Schulstoff schon ein wenig. Vielleicht erfährt er dadurch plötzlich Anerkennung, die ihm vorher unter dem immensen Leistungsdruck und bei dem Mangel, ohne Vater aufwachsen zu müssen, versagt blieb."

Die andere Mutter: „Nun ja, so kann man es auch sehen …"

Bleiben Sie realistisch in dem, was Sie dem Teenager und sich selbst zumuten. Jeder Mensch, auch Ihr Teenager, hat das Recht, seinen individuellen Weg zu gehen – entsprechend seiner Leistungsfähigkeit und seinen Überzeugungen. Übertragen Sie nicht Ihre Wünsche und Erwartungen – auch nicht die materiellen – auf Ihr Kind.

✎ **Übung 2: Grundregeln**

Die sieben Grundregeln können Ihnen in alltäglichen Entscheidungssituationen
Orientierung geben. Vielleicht gibt es auch noch ganz andere Dinge, die Ihnen in
der Erziehung und Begleitung Ihrer Teenager wichtig sind. Sie umzusetzen mag in
einem Fall leichter fallen, in einem anderen schwerer. Bedenken Sie die folgenden
Fragen zunächst für sich selbst und tauschen Sie sich dann mit Ihrem Partner oder
in der Gruppe aus:

1. Welche der genannten Grundregeln von PEP4Teens sind in Ihren Augen leicht
umzusetzen?

_____

_____

_____

_____

2. Bei welchen Grundregeln fällt Ihnen die Durchführung schwer?

_____

_____

_____

_____

3. Welche weiteren Grundlagen finden Sie wichtig für eine positive Erziehung?

_____

_____

_____

_____

Kapitel 2: Fähigkeiten fürs Leben erwerben

Zu den Zielen einer positiven Erziehung gehören auch die Dinge, die Sie für Ihren Teenager erreichen wollen: soziale Kompetenzen oder so genannte Life-Skills – Fähigkeiten, die ein junger Mensch im Umgang mit sich und mit anderen braucht. Es handelt sich dabei um langfristige Ziele, die man nicht direkt, sondern nur über kleinere Zwischenziele anstreben kann.

Zwei Dinge sind wichtig, wenn Sie langfristige Ziele für Ihren Teenager verfolgen:

1. Formulieren Sie entsprechende kurzfristige Ziele.
2. Sprechen Sie, je älter Ihr Teenager wird, mit ihm über diese Ziele.

Welche langfristigen Ziele setzen Sie sich für die Erziehung Ihres Teenagers? Welche Fähigkeiten und Kompetenzen wollen Sie Ihrem Sohn oder Ihrer Tochter als Kapital fürs Leben mitgeben? Die folgende Auswahl erscheint uns als ein „Mindestbestand", auf den niemand verzichten kann.

Miteinander kommunizieren und auskommen können

Kommunikation ist ein Grundbestandteil des Lebens. Um Beziehungen gestalten zu können, müssen wir fähig sein, eigene Erwartungen zu formulieren, im Gespräch aufeinander einzugehen, Gedanken, Eindrücke, Erfahrungen zu formulieren und auszutauschen.

Kommunikationsfähigkeit beginnt damit, dass Teenager lernen, sich selbst und die eigenen Bedürfnisse realistisch wahrzunehmen:

- Was ist mir wichtig?
- Was will ich?
- Was brauche ich?
- Wonach sehne ich mich?

Diese Bedürfnisse wahrnehmen, sie äußern und angemessen einfordern zu können, ist ein Ziel auf dem Weg zu einer erwachsenen Kommunikation, in der der Mensch sein Leben und seine Beziehungen verantwortungsvoll und befriedigend gestalten kann.

Alexander fällt es sehr schwer, zu sagen, was er eigentlich will. Fragt ihn seine Mutter, was sie am Abend kochen soll, hört sie von ihm nur ein unentschiedenes „Ist mir egal." Inge macht sich immer wieder darüber Gedanken, wie sie ihren Sohn mehr herauslocken könnte. An diesem Punkt hat sie ein schlechtes Gewissen. Sie spürt, dass Alexander auf sie viel Rücksicht nimmt. Sie würde es gerne sehen, wenn er stärker seine eigene Meinung äußern oder erkennen lassen würde, was er will.

Als Schritt zu diesem Ziel spricht Inge im Rahmen eines Familiengesprächs die Frage, was es zu den Mahlzeiten geben soll, gezielt an. „Wie wäre es, wenn jeder von euch zweimal pro Woche bestimmt, was es zu Mittag gibt." Als Hilfe stellt sie einen möglichen Menüplan aus einem Kochbuch oder im Rahmen der bei Lut-zens üblichen Hausmannskost zur Verfügung. Die ersten Male gibt sie Alexander noch Hilfestellung und Tipps in Richtung seiner Lieblingsmahlzeiten.

Manchmal hilft auch der Zufall bei der Erziehung: Eine Bekannte, die Inge über ihre Unsicherheit in Bezug auf das Essen angesprochen hatte, lud Alexander für einen Wochenendausflug in die Berge ein. Zuerst wollte er nicht mit. Doch der andere gleichaltrige Junge besaß eine Nummer jener Autozeitschrift, die ihm im Jahrgang fehlte. Alexander fuhr mit. Von der Technik des Autos seines Gastgebers war er begeistert. Er freute sich riesig, dass er in dem anderen Jungen endlich jemand hatte, der sich ebenso für Autos begeistern konnte. Seit diesem Wochenende weiß Alexander, was er essen will: Schaschlik mit Reis. Das gab es zweimal unterwegs auf der Reise in die Berge.

Eine andere Entwicklungsaufgabe kann darin liegen, dass ein Teenager lernt, andere um Hilfe zu bitten, wenn er sie nötig hat, dass er sich auf Wünsche anderer – auch von Erwachsenen wie den Eltern – einlassen und mit ihnen kooperieren oder dies begründet ablehnen kann.

Gerade im Blick auf die Wahrnehmung der eigenen Wünsche, Ziele und Bedürfnisse und die Fähigkeit, diese mitzuteilen, gilt die Regel: „Nichts übers Knie brechen!" Solche Lernprozesse sind langwierig – schließlich ist Ihr Kind gerade dabei, sich selbst kennen zu lernen. Und es braucht viel Geduld von Eltern und Erziehenden als Wegbegleiter.

Zu sich selbst stehen können

Die Pubertät stellt Ihr Kind vor große Herausforderungen: Es muss sich selbst entdecken, einen ersten eigenen Lebensentwurf finden und in die spätere Rolle als Mann oder Frau hineinfinden. Ein wichtiger Teil dieser Selbstfindung erfolgt durch den *Vergleich* mit und die *Abgrenzung* gegenüber anderen. Teenager sind brennend interessiert an der Frage, wie sie im Vergleich zu anderen dastehen.

Jungs messen ihre Kräfte und vergleichen sich im Blick auf ihre Attraktivität bei Mädchen. Mädchen vergleichen ihr Aussehen und ihre Figur und ihre Wirkung auf Jungs. Die Auseinandersetzung mit dem eigenen Körper beschäftigt den Teenager stark. Für die allermeisten ist es zunächst schwer, die eigene körperliche Erscheinung anzunehmen. Zudem ist der Teenager damit beschäftigt, sich selbst auszuprobieren und wahrzunehmen, wie das eigene Verhalten auf andere wirkt, was es auslöst.

Sich selbst mit allen Stärken und Schwächen, allen Vorzügen und Nachteilen realistisch wahrzunehmen und ein Ja dazu zu finden, ist eine enorme Anpassungsleistung. Der Teenager braucht dabei ganz besonders die Unterstützung der Eltern und Erzieher. Persönlichkeit zu gewinnen ist eine der Hauptaufgaben der Teenagerzeit.

Wenn dieser Prozess in die Krise gerät, können sich Störungen zeigen, zu deren Lösung professionelle Hilfe erforderlich ist. Essprobleme, Angststörungen, Depressionen aufgrund von starken Minderwertigkeitsgefühlen sind Beispiele für solche Störungen. Nachfolgend einige Beispiele, wie positive Begleitung aussehen kann.

- Carmen Lutz hatte die Angewohnheit, hin und wieder leise vor sich hin zu singen. Zufällig hörte dies ihre Klassenlehrerin und machte ihr Mut, im Musikunterricht vorzusingen. Der Versuch gelingt, es ist schön, niemand lacht. Es ist auch gar nicht peinlich.
- Alexander schweigt in der Schule über sein Hobby – Autos. Ständig hat er Angst, von den anderen gedemütigt zu werden. Im Gespräch mit dem Klassenlehrer lässt Inge das Problem von Alexander anklingen. In Physik bekommen Alexander und sein Lehrer mit, dass Mattes, einer seiner Peiniger, ebenso ein Autonarr ist. Als es um Motoren geht, arrangiert der Lehrer es so, dass Alexander und Mattes in der Kleingruppe am selben Thema arbeiten. Dadurch lernen sie sich kennen und sogar schätzen, da Alexanders Zeitschriftensammlung und Detailwissen Mattes beeindruckten. Alexander gewinnt immer mehr Sicherheit, weil er plötzlich gerade diesem Mitschüler gegenüber selbstbewusst auftreten kann.

Den Umgang mit den eigenen Gefühlen lernen

Das Gefühlsleben von Teenagern gleicht einer Achterbahn: sie erleben häufig ein ständiges Auf und Ab der Stimmungen, auch als Folge der biologischen Veränderungsprozesse in der Pubertät.

Die Aufgabe, vor die der Teenager gestellt ist, besteht darin, eine angemessene Weise zu finden, mit diesen Gefühlen umzugehen. Der Erwerb dieser Kompetenz stellt eine große Leistung dar. Allein der Umstand, dass Teenagern manche

Gefühle zum ersten Mal in ihrem Leben begegnen, fordert sie heraus: Sie müssen verstehen, was sie da erleben, und sie müssen angemessene Umgangsformen finden.

Ist eine Tochter zum ersten Mal verliebt, inszeniert sie womöglich diese Erfahrung im Kreis der Familie: „Stellt euch vor, ich bin verliebt!" Eine andere Tochter wählt den konträren Weg. Sie sagt kein Wort, zieht sich in sich selbst zurück und auffällig sind nur sich wiederholende Anrufe von Verehrern.

Aber nicht nur das erste Verliebtsein muss bewältigt werden. Die Gefühlspalette, mit der es umzugehen gilt, ist breit: Gefühle von Stärke, Überschwang oder Enttäuschungen, Niederlagen, Gefühle der Wut und starker Aggression, Einsamkeit oder Selbstzweifel – dies alles gehört zur Gefühlsachterbahn, der Teenager sich ausgeliefert fühlen – machtlos, ihr eine Richtung zu geben. Es ist eine reife Leistung, für all diese Empfindungen angemessene Umgangsformen zu finden.

- Wie zeige ich Sympathie, ohne dass es lächerlich wird?
- Wie äußere ich Wut und Zorn, ohne dass es andere verletzt?
- Wie gehe ich mit Einschränkungen und Regeln um, die ich nur schwer akzeptieren kann?

Wenn Eltern oder Erzieher mit dem Teenager über die Gefühle ins Gespräch kommen, kann es eine Hilfe sein, diese Gefühle besser zu verstehen. Vier Grundrichtungen der Gefühle lassen sich unterscheiden:[4]

- *Gefühle, die von Zuneigung geprägt sind oder Zuneigung fördern:* Liebe, Sympathie, Mitgefühle, Stolz, Hoffnung, Sehnen, Überraschung
- *Gefühle, die von Abneigung geprägt sind oder Abneigung fördern:* Ekel, Abscheu, Verachtung, Ärger, Wut, Zorn, Angst, Hass, Eifersucht, Neid
- *Gefühle, die Wohlbefinden ausdrücken:* Lustgefühl, Genusserleben, Freude, Zufriedenheit, Erleichterung, Entspanntheit, Glück
- *Gefühle, die Unbehagen signalisieren:* Niedergeschlagenheit, Missmut, Trauer, Kummer, Scham, Schuldgefühle, Langeweile, Müdigkeit, Leere, Anspannung, Nervosität, Unruhe, Stress, Einsamkeit

Eine Möglichkeit, einen angemessenen Umgang mit gefühlsbeladenen Themen zu finden, zeigt folgender Dialog aus dem Hause Fink.

Sonja: „Anika , ich weiß, dass es dich aufregt, wenn ich wieder mit dem Thema Zimmeraufräumen anfange, aber …"

Anika: „Du brauchst gar nicht weiter zu reden. Lass mich mit deinem Putzzwang in Ruhe. Ich mache das, wie ich will."

Sonja: „Gut, dann erkläre mir einfach einmal, wie du es machen willst. Ich bin jetzt auch ganz ruhig und was immer du vorschlägst, lasse ich jetzt stehen und höre einfach zu. Nur erkläre mir bitte, wie du es zukünftig vorhast und wie und ob ich dich dabei beim Wort nehmen darf oder soll."

Anika: „Also, mich macht das wütend, weil ich mein Zimmer nie und nimmer so aufräumen kann, wie du dir das vorstellst. Nicht einmal Papa macht es dir recht, wenn er auf seinem Schreibtisch irgendwelche Papiere liegen lässt … Ich bin bereit, einmal die Woche alle meine Wäsche zu versorgen, den Boden aufzuräumen und zu saugen. Aber meinen Schreibtisch möchte ich lassen, wie ich es will."

Sonja: „Ich habe verstanden. Wie soll ich reagieren, wenn du es mal wieder nicht gemacht hast?"

Anika: „Dann lege mir einen Erinnerungszettel hin, ohne dass du Theater machst. Ich will mich ernsthaft bemühen. Und wenn ich es dennoch einmal nicht geschafft habe, dann lass mich einfach spüren, dass du mich trotzdem lieb hast."

Sonja gibt dieser Satz noch manches zu denken.

Auf die Gefühle anderer eingehen

Auch Erwachsenen fällt es zuweilen sehr schwer, die Gefühle eines anderen Menschen wahrzunehmen und auszuformulieren. Um wie viel schwerer fällt dies Teenagern, die so intensiv mit der eigenen Gefühlswelt beschäftigt sind. Oft genug lässt dies keinen Spielraum, die Gefühle anderer wahrzunehmen. Auch nicht die Gefühle der Eltern.

Im Gegenteil. Teenager müssen lernen, sich emotional von den Eltern abzugrenzen: „Das ist doch nicht mein Problem, wenn du jetzt wegen Papa weinst. Du hast ihn geheiratet, nicht ich." Manchmal dauert es bis weit ins Erwachsenenalter hinein, bis sich ein junger Mensch den Gefühlen der Eltern gegenüber wieder öffnen kann.

Umgekehrt können dieselben Teenager, die sich eben noch abweisend verhalten haben, völlig überraschend am Ergehen und den Gefühlen anderer Menschen intensiv Anteil nehmen, ob dies jemand aus der Gruppe der Gleichaltrigen ist oder ein Mensch in Not in einem fernen Land. Mit voller Hingabe kann ein Teenager hier Engagement zeigen, sich einsetzen, initiativ werden, eine Patenschaft übernehmen.

Gerade Eltern sollten solche Situationen nicht missverstehen. Sie gehören zur notwendigen psychischen Entwicklung des jungen Menschen. Mit Druck lässt sich Zuneigung ohnehin nicht erzwingen. Eine Chance zum Kontakt bieten Geduld, Offenheit und Freiheit.

Anika blockiert bereits seit einer Stunde das Telefon. Sonja mahnt zum Ende des Gespräches und deutet auf den Uhrzeiger und macht mit Gesten klar, dass das lange Telefonieren Geld kostet. Nach dem Telefonat schimpft Sonja: „Weißt du eigentlich, was du uns da zumutest. Stundenlang ist das Telefon blockiert und Papa schimpft wieder über die hohe Telefonrechnung."

Anika, ziemlich enttäuscht: „Du hast ja keine Ahnung. Melanie (eine befreundete Mitschülerin) geht es voll schlecht."

Sonja: „Wieso, was ist mit ihr los?"

Anika: „Das ist zu persönlich, ich kann dir dazu nichts sagen. Ihr Erwachsenen versteht das sowie so nicht."

Sonja bewahrt Geduld: „Okay, aber bitte bemühe dich, künftig nicht mehr ganz so lange zu telefonieren. Ihr könntet euch doch auch treffen, um alles miteinander zu bereden."

Beiläufig erzählt Anika beim Abendessen, dass sich die Eltern von Melanie scheiden lassen wollen.

Selbstständigkeit, Mündigkeit, kritisches und kreatives Denken

Befragungen von Teenagern zeigen, dass es in ihnen widersprüchliche Tendenzen gibt. Sie wollen frei sein, unabhängig, selbstbestimmt. Gleichzeitig aber suchen sie Sicherheit, Schutz und das Gefühl, dass die Eltern hinter ihnen stehen. Ihr stummer Appell lautet häufig: „Lass mich los, aber halte mich fest."[5] Und damit kommen Eltern oft nur schwer zurecht.

Eine ähnliche Widersprüchlichkeit gibt es bei den Eltern: Eltern wünschen sich mündige Teenager, haben aber große Probleme damit, wenn die Teenies kritische Fragen stellen und Selbstbestimmung im Blick auf ihr Outfit, auf den Ordnungszustand des Jugendzimmers, die Freizeitgestaltung oder die Wahl der Freunde einfordern. Einerseits wollen Erwachsene, dass Teenager lernen, klar „Ja" oder „Nein" zu sagen und die Verantwortung für sich selbst und ihre Entscheidungen zu übernehmen. Dummerweise müssen sie dann aber auch damit rechnen, dass sie ihnen gegenüber Widerstand zeigen und dieses „Nein" formulieren.

Es gibt in dieser Situation einen Trost: Wenn Kinder Ihren Überzeugungen gegenüber klare, vielleicht auch konträre Positionen beziehen, werden sie dies auch leichter gegenüber jenen tun, die sie auf unsichere oder gefährliche Wege führen wollen.

Probleme selber lösen können

Teenager haben bei ersten Schritten in die Selbstständigkeit oft Angst, Entscheidungen zu treffen, deren Konsequenzen sie nicht ganz überblicken, die sie dann aber selbst tragen zu müssen.

Alexander erhält eine Einladung von seinem Cousin. Inge kann ihn dieses Mal nicht mit dem Auto hinfahren. Er muss den Zug nutzen: viermal umsteigen und rechtzeitig wieder die Rückreise antreten. Kein Problem, wenn man es gelernt hat, öffentliche Verkehrsmittel zu benutzen und einzuschätzen, welche Vorbereitungen dabei nötig sind.

Aber was tun, wenn man damit keine Erfahrung hat? Dann kann solch eine Einladung zum Problem werden.

Inge gibt Alexander einen Hinweis auf die Internetseite der Deutschen Bahn und zeigt ihm, wie er sich dort einen genauen Reise-Plan erstellen lassen kann. Alexander findet daran Gefallen und lässt sich auf die erste selbstständige Zugfahrt ein.

Es ist wichtig, dass Eltern ihren Teenagern Möglichkeiten der Problemlösung aufzeigen. Dazu gehören folgende Schritte:

- Aufgabe klar beschreiben, Probleme benennen
- Lösungswege herausfinden
- alternative Lösungen suchen
- verhandeln (mit den Eltern oder anderen Parteien)
- Kompromisse schließen

Für Alexander könnte die Formulierung des Hauptproblems lauten: „Es kann passieren, dass ich jetzt in den falschen Zug einsteige, niemand mich warnt und ich in die falsche Richtung fahre. Wie kann ich das vermeiden?"

Mögliche Lösungswege wären: Den Schaffner fragen, einen Mitreisenden ansprechen, zum Schalter gehen, am Zug das Fahrtrichtungsschild lesen oder, falls es passiert ist, beim nächsten Halt aussteigen und zurückfahren.

Inge könnte diese Alternativen mit Alexander konkret durchsprechen. Dabei könnte Alexander selbst weitere Lösungen entdecken.

✐ **Übung 3: Ziele für Teenager**

Welche dieser allgemeinen oder langfristigen Ziele für Ihren Teenager sind Ihres Erachtens leicht zu erreichen?

_____

_____

_____

_____

Welche dieser Ziele halten Sie für schwer erreichbar?

_____

_____

_____

_____

Welche weiteren Ziele sind in Ihren Augen für eine positive Erziehung Ihres Teenagers wichtig?

_____

_____

_____

_____

Was wollen Sie konkret ausprobieren?

_____

_____

_____

_____

Kapitel 3: Ursachen für Verhaltensprobleme

„Reibereien" zwischen Eltern und Teenagern sind normal. Allerdings ist der Toleranzspielraum, den Eltern in solchen Situationen aufbringen, sehr unterschiedlich. Was die einen Eltern für harmlos halten, versetzt andere in höchste Alarmbereitschaft. Jeder Erziehende, der es mit Jugendlichen zu tun hat, wird aber wohl mehr oder weniger stark damit konfrontiert werden, dass der Teenager Verhaltensweisen an den Tag legt, die unerwünscht und inakzeptabel sind. Und wenn das geschieht, liegt (besonders für Mütter) die Frage nahe: Woran liegt das? Habe ich etwas falsch gemacht?

Unser Leben findet nicht im luftleeren Raum statt. Es unterliegt vielfältigen Einflüssen: die Eltern, die Kinder, Verwandtschaft, Kindergarten, Schule, Medien, die Gleichaltrigen. Aber auch genetische Bedingungen, Persönlichkeitsstrukturen, Lebensstile und biographische Entwicklungen, Gesellschaft und Politik prägen uns. Dies sollten gerade Eltern von Teenagern sich immer wieder klar machen. Sie sind nicht die einzigen, die Einfluss auf ihr Kind nehmen.

Dass das so ist, kann man bedauern. Aber es kann ebenso entlasten: Eltern sind nicht an jedem (Miss-)Verhalten ihres Teenagers schuld.

Wir leben in einer nicht-idealen Welt – Sie als Eltern, aber auch Ihr Teenager. Das heißt: Es gibt Kräfte, die das Leben beeinträchtigen, belasten oder gar zerstören wollen (ob Krankheit, problematische Motive, Bosheit oder was immer). Und diese Kräfte sind immer präsent.

Wer will, dass das Leben gelingt, muss sich dafür einsetzen. Wer gelingende Beziehungen will, muss dafür etwas tun. Wer Teenager nicht einfach sich selbst überlassen, sondern ihnen einen guten Start in ein selbstständiges Leben ermöglichen will, ist aufgefordert, sich hier ganz einzusetzen. Es ist wirklich entlastend – so berichten es Eltern, die den Glauben praktizieren –, bei diesen Aufgaben auf Gott und auf seine Liebe vertrauen zu können.

Natürlich stellt das familiäre Umfeld einen wichtigen Einfluss auf das Verhalten von Kindern und Eltern dar. Passieren Fehler im familiären Umfeld, nehmen Eltern etwa spontan negativen Einfluss auf das Verhalten des Kindes (einmalige Schläge, kurzzeitiger Liebesentzug oder eine Vernachlässigung), dann ist dies mit einem leichten Windstoß zu vergleichen. Ein Baum bewegt seine Äste und Blätter, aber der Windstoß schadet ihm nicht. Doch wenn der Wind über längere Zeit konstant aus einer Richtung bläst, so wie man dies in Küstenregionen beobachten kann, dann wachsen die Bäume verkrümmt in eine Richtung.[6] Wenn unsere Kinder also eine unerwünschte Wachstumsrichtung zeigen, sollten wir uns fragen:

Weht vielleicht der Wind, in den wir sie stellen, aus der falschen Richtung?

Welche dauerhaft problematischen Einflüsse können hinter einem Problemverhalten bei Jugendlichen stehen?[7]

Problematische Beziehung

Die Qualität der Beziehung zwischen Eltern und Kindern ist die Grundkonstante, die die Formen des Miteinanders wesentlich bestimmt. Zwei Formen einer problematischen Eltern-Kind-Beziehung sollen hier beleuchtet werden:

- *Emotionale Kälte:* Das Kind wird psychisch oder sozial vernachlässigt. Es trifft seitens der Eltern auf Ablehnung, Distanz, Desinteresse, Vermeiden körperlicher Nähe. Es wird ignoriert, Eltern wenden sich unfreundlich ab, es erlebt eine zurückweisende Haltung. Emotionale Kälte zeigt sich in negativen Zuschreibungen und moralischen Etikettierungen oder Beschimpfungen seitens der Eltern: „Aus dir kann nie was werden" – „Versager" – „Schlampe" – „Nichtsnutz".

- *Emotionale Überhitzung:* Die Fürsorge ist einengend, die Bindung überstark, die Eltern überschreiten emotionale und körperliche Grenzen. Der Teenager trifft auf Überbehütung. Es entsteht Abhängigkeit und eine fürsorgliche „Belagerung"[8], etwa in unangemessenen Ermahnungen an einen 15-Jährigen: „Hast du auch dein Pausenbrot eingepackt?" – „Zieh die Jacke an, es ist kalt." – „Was tust du mir an, ich habe es immer gut mit dir gemeint."

In problematischen Beziehungen der einen wie der anderen Art erlebt der Teenager kaum Bestätigung, kann kein gutes Selbstvertrauen entwickeln. Er bildet womöglich eine labile Emotionalität aus.

✐ **Übung 4: Problematische Beziehung**

An welchen Punkten könnte Ihre Beziehung zu Ihrem Teenager problematisch oder unangemessen sein?

_____

_____

_____

_____

_____

Wie ist es dazu gekommen?

_____

_____

_____

_____

Was fällt Ihnen zu diesem Thema sonst noch auf?

_____

_____

_____

_____

Ineffektive Aufforderungen

„Anika tut nie, was ich ihr sage", meint Sonja. „Erst wenn ich sie zehn oder zwanzig Mal auffordere, bewegt sie sich – und dann nur unwillig!"

Diese Klage hört man von Eltern immer wieder. Aber oft liegt es an der Art und Weise, wie Eltern die Aufforderungen formulieren, dass Kinder sie nicht beachten. Gelingt es, Teenager gut zu motivieren, können sie „Bäume ausreißen" oder auch nur Staub saugen, den Keller entrümpeln oder am Wochenende bei der großen Tombola mithelfen. Teenager sollen und können lernen – oder eigentlich müsste man sagen: Eltern sollen und können lernen –, dass Teenager solche Aufgaben verantwortlich und selbstständig erledigen, ohne dass ihnen die Eltern im Nacken sitzen.

Welche typischen Fallen verhindern, dass Teenager tun, wozu sie aufgefordert werden?[9]

- *Zu wenig Information:* Dem Teenager ist nicht klar geworden, was die Eltern eigentlich von ihm wollen. „Räum dein Zimmer auf!" Besser wäre die Bitte: „Nimm die Kleider vom Boden auf, trag sie ins Bad, nimm den Rest vom Boden weg und sauge einmal gründlich durch!"
- *Schlechter Zeitpunkt:* Womit ist der Teenager gerade beschäftigt? Hört er entspannt Musik und die Mutter unterbricht, ist das ungünstig. Besser: Warten, bis das Stück zu Ende ist, die Aufmerksamkeit des Teenagers gewinnen und dann genau formulieren, was zu tun ist.
- *Endlose Wiederholungen:* Echt nervig. Der Teenager fühlt sich von den Wiederholungen der Aufforderungen seitens der Eltern genervt. „Mähst du den Rasen?" „Ja, mache ich." Eine Minute später: „Mähst du wirklich den Rasen?" Besser ist die Formulierung: „Mähst du den Rasen bis 17 Uhr?" „Ja, mache ich." „Wann wirst du damit beginnen?" „In 15 Minuten." „Okay, viel Spaß. Danach kannst du bis zum Abendessen gerne noch dein neues PC-Spiel installieren."

✐ **Übung 5: Ineffektive Aufforderungen**
Ineffektive Aufforderungen kommen bei jedem vor.
Welche kennen Sie von sich?

_____

_____

Zu wenig Information:

_____

_____

Schlechter Zeitpunkt:

_____

_____

Endlose Wiederholungen:

_____

_____

Wie könnten Sie besser formulieren?

_____

_____

Bemerkungen:

_____

_____

Missachtung erwünschten Verhaltens

Manchmal verhalten sich Teenager im Sinne der Eltern, doch diese übersehen oder ignorieren es. Motto: „Bloß nicht loben, es könnte ihm ja in den Kopf steigen."
   Doch das Gegenteil ist der Fall: Wer nicht lobt, fördert indirekt proble-

matisches Verhalten. Daher gilt: „Erwische deinen Teenager bei dem, was er gut macht, und verstärke dies!" Teenager testen und probieren neue Verhaltensweisen aus. Das, was wir wahrnehmen und verstärken, hat die größte Chance, von unseren Teenagern gelernt zu werden.

Das psychologische Gesetz lautet: Ein Verhalten, das keine positive Beachtung (Verstärkung) erhält, wird immer seltener. Wird das erwünschte Verhalten der Teenager von Erwachsenen ignoriert, lernen sie, dass der einzige Weg, Aufmerksamkeit zu erhalten, das negativ auffällige Verhalten ist.

Wenn sich Jan gegenüber Anika trotz deren spitzer Bemerkung ruhig verhält und somit eine Eskalation vermeidet, ist es wichtig, dass seine Mutter dies registriert und positiv verstärkt. Sonja könnte etwa in einem Moment, in dem sie mit ihrem Sohn allein ist, sagen: „Übrigens, ich war beeindruckt, dass du bei Anikas Bemerkung vorhin so ruhig geblieben bist."

✐ Übung 6: Teenager loben
Wofür und wie kann ich meinen Teenager loben?

_____

_____

_____

_____

Inkonsequentes und planloses Verhalten

Teenager können Verhaltensprobleme entwickeln aufgrund der Art und Weise, wie Eltern Strafen oder disziplinarische Maßnahmen einsetzen. Problematisch sind folgende Verhaltensweisen:

Angedrohte Strafen, die nicht ausgeführt werden
Drohungen mögen eine Zeit lang wirksam sein, doch wenn Eltern die angekündigten Maßnahmen nicht anwenden, lernen Teenager schnell, dass sie die Drohungen ignorieren können. Manchmal reagieren Teenager auf Drohungen mit einer Art Mutprobe und testen ihre Eltern. Sie fragen: Was geschieht, wenn ich mich nicht füge? Teenager, die im Verlauf der Jahre gelernt haben, dass ihre Eltern die angedrohten Konsequenzen kaum umsetzen, werden es regelmäßig darauf ankommen lassen.

Im Affekt (Wut, Zorn, Jähzorn) strafen

Sobald Eltern sich dem Gefühl der Wut oder des Ärgers überlassen, wird es für sie schwer, die Kontrolle über das eigene Verhalten zu bewahren. In der Wut aktiviert das Gehirn Körperreaktionen, die mit Kampf- und Fluchtverhalten bei Ängsten vergleichbar sind. Wenn man so „außer" sich ist, werden Aussagen und Handlungen irrational. Es geht dann weniger darum, logische Konsequenzen aus einem unangemessenen Verhalten zu ziehen, sondern um eine Art Kampf-Verhalten: ich oder du. Worte, die man in einer solchen Kampfsituation sagt, verletzen und beschämen. Strafen im Zorn kann – auch wenn es nicht zu Handgreiflichkeiten kommt – meist sehr verletzend wirken.

Was kann Ihnen helfen, die Ruhe zu bewahren? Einige bewährte Methoden sind:

- Bis zwanzig zählen, bevor Sie reagieren
- Einen Schluck Wasser trinken
- Die Gedanken auf eine andere Situation richten
- Aus der Situation herausgehen
- Sich gedanklich auf emotional aufgeladene Situationen vorbereiten

✐ **Übung 7: Den eigenen Ärger beherrschen**

Fühlen und beschreiben Sie eine Situation, in der Sie Zorn oder Wut auf Ihren Teenager spürten. Was könnte Ihnen helfen, ruhig zu bleiben?

_____

_____

_____

_____

Inkonsequenter Einsatz von Strafen

Inkonsequenz erschwert es Teenagern zu lernen, was wirklich von ihnen erwartet wird. Wenn Sie ein bestimmtes Verhalten einmal bestrafen und ein anderes Mal ignorieren, vermitteln Sie eine verwirrende Botschaft. Probleme können auch entstehen, wenn die Eltern sich widersprechen, gegenseitig behindern oder einander nicht unterstützen. Teenager lernen schnell, welchen Elternteil sie bei welchem Anliegen fragen müssen, um ihr Ziel zu erreichen. Dies wiederum kann Probleme in der Partnerbeziehung verursachen.

✐ **Übung 8: Inkonsequentes Verhalten**

Verhalten Sie sich gegenüber Ihrem Teenager inkonsequent?

❏ Konsequenzen androhen und nicht ausführen

❏ Das Gegenteil der angedrohten Konsequenzen tun

❏ Konsequenzen viel zu spät einfordern

Überlegen Sie sich jeweils eine konkrete Situation, in der Sie inkonsequent waren. Welche Alternative sehen Sie für Ihr eigenes Verhalten?

_____

_____

_____

Fehlverhalten wird belohnt

Manchmal „belohnen" Eltern Teenager für das Verhalten, das sie ablehnen. Wie geschieht dies? Teenager verhalten sich unmöglich und profitieren von den Reaktionen der Eltern. Manchmal bemerken Eltern gar nicht, dass ungewollt eine Belohnung geschieht.

Endlich ist Anika bereit, bei der Wäsche mitzuhelfen, hat eigentlich aber keine Lust dazu. An sich freut sich Sonja, dass Anika mitmacht. Doch gleichzeitig denkt sie: „Hoffentlich macht sie es dieses Mal richtig …"

Anikas Unlust steigt, als ihr per SMS mitgeteilt wird, dass sich alle aus der Clique in 15 Minuten bei Lisa treffen. Jetzt ist Sonjas Bluse zum Bügeln dran. Lustlos streicht Anika mit dem Eisen in einer Hand und dem Handy in der anderen über die Ärmel. „Irgendwie" entsteht dabei eine Falte nach der anderen. Sonja kommt dazu: „Das darf ja wohl nicht wahr sein. Keine Minute kann man dich allein arbeiten lassen. So kann ich die Bluse niemals anziehen." Weiter schimpfend ergreift sie das Bügeleisen: „Lieber mache ich es allein, als dass ich mir die Wäsche durch dich verunstalten lasse."

Anika lässt sich dies nicht zweimal sagen, entfernt sich, ruft noch „Tschüss" und ist in wenigen Minuten bei ihren Freunden. Sie hat gelernt: Beim nächsten Mal wird ihr ein „Missgeschick" sicher wieder zu mehr Freizeit verhelfen.

Ähnliches erlebt Jan, der sein Fahrrad repariert hat und danach Vaters Werkzeug wieder einmal vor der Garagentür liegen ließ. Helmut hat Angst um die teuren Stücke und räumt selbst auf.

Ungewollte Belohnungen können bestehen in:

- jeder Form sozialer Zuwendung (wie ein Lächeln, gemeinsam Zeit verbringen),
- materiellen Belohnungen (wie Geld oder andere Dinge),
- Aktivitäten (wie chauffiert zu werden oder Gleichaltrige zu treffen),
- dem Vermeiden unliebsamer Dinge (etwa der Hausarbeit zu entkommen oder dem Aufräumen).

Alexander will bis spät in die Nacht hinein einen Film anschauen. Seine Mutter sagt: „Nein, du kennst die Regel. Um 22 Uhr ist Schluss und dein Film geht bis 23.15 Uhr. Das haben wir anders ausgemacht." Alexander äußert selten Wut. Aber er zeigt in seiner Mimik und in seinen Ges- ten deutlich, wie frustriert er jetzt ist. „Dann eben nicht. So ist das hier …", murmelt er beleidigt und zeigt ihr die kalte Schulter.

Inge hält diesen emotionalen Druck nicht aus. Sie gibt nach und erlaubt ihm, den Film „ausnahmsweise" anzuschauen.

In diesem Beispiel wird Fehlverhalten gleich doppelt belohnt: Alexander reagiert beleidigt – und darf „zur Belohnung" den Film anschauen. Aber auch das Fehlverhalten der Mutter wird belohnt: Ihr Nachgeben führt dazu, dass der emotionale Druck endet und die Spannung nachlässt.

✐ Übung 9: Ungewollte Belohnung

Überlegen Sie sich ein Beispiel zur ungewollten Belohnung aus Ihrem Alltag und beschreiben Sie es kurz. Wie hätten Sie besser reagiert?

_____

_____

_____

_____

_____

_____

Streitspirale und Eskalationsfalle

Eskalationsfallen sind typische Situationen, in denen die Gefühle schnell „auf 180" gehen. Streitspiralen beschreiben ein Verhalten, bei dem ein Wort das andere gibt und die Auseinandersetzung auf immer neue Höhen steigt.

Teenager können lernen, dass Eskalation von unerwünschtem Verhalten ein effektiver Weg ist, um doch noch zu erhalten, was zunächst abgewiesen wurde. Das funktioniert ganz ähnlich wie bei der Belohnung von unerwünschtem Verhalten. Wenn die Teenager nur lange genug „nerven", verlieren Sie als Eltern die Geduld und geben schließlich nach.

Je älter Kinder werden, desto stärker testen sie die Grenzen, die Erwachsene ihnen setzen. Eltern und Erzieher können durch ein solches immer wiederkehrendes Verhalten ermüden und nachgeben, nur um einen Streit zu vermeiden. Doch der Erziehung der Teenager dient das nicht.

Eskalation funktioniert aber auch umgekehrt: Eltern lernen, dass ihre Teenager den elterlichen Wünschen eher nachkommen, wenn sie ihnen aufbrausend und laut Nachdruck verleihen.

Inge bittet ruhig, dass der Fernseher ausgeschaltet wird. Alexander ignoriert sie. Sie wiederholt die Forderung nach einigen Minuten deutlich lauter – immer noch kein Resultat. Wieder ein paar Minuten später verlangt sie wütend, dass der Fernseher ausgeschaltet wird und droht mächtig: „Sonst …!" Jetzt erst bequemt sich Alexander, den Fernseher abzuschalten und hat nebenbei gelernt, dass er erst reagieren muss, wenn Inge zu drohen beginnt.

Auch hier ist zusätzlich das Muster der versteckten Belohnung wirksam: Inges eskalierendes Schreien und Drohen wird belohnt, indem der Fernseher schließlich ausgeschaltet wird, und die Verzögerungstaktik von Alexander wird dadurch belohnt, dass er zunächst noch etwas länger fernsehen kann und dann die angedrohten Konsequenzen vermeidet, indem er gehorcht, kurz bevor Inge explodiert.

Streitspiralen können sich auch an typischen Familienthemen entzünden. Ein Wort gibt das andere. Dies funktioniert so sicher wie das Räderwerk einer Präzisionsuhr:

Anika kommt zum Nachmittagsstehkaffee in die Küche. Erster Satz von Sonja, ruhig und ohne Kritik: „Wie geht es mit den Hausaufgaben?"

Anika: „Mama, ich will jetzt in Ruhe Kaffee trinken und nicht schon wieder über Schule quatschen."

Sonja: „In Ordnung."

Und nach wenigen Augenblicken: „Wann kommt deine Freundin?"

Anika: „Halb fünf."

Sonja: „Und hast du dein Zimmer schon aufgeräumt?" Eigentlich wollte Sonja nur besorgt nachfragen.

Aber Anika kontert: „Jetzt lass mich bloß in Frieden. Das ist meine Freundin, nicht deine! Und der macht es überhaupt nichts aus, wenn mein Zimmer chaotisch ist. Du solltest mal ihres sehen."

Sonja ärgerlich: „Du lebst aber hier und da erwarte ich ein größeres Maß an Ordnung."

Anika spürbar aggressiv: „Ich glaub es nicht. Wann hörst du endlich auf, ständig an mir rumzumäkeln?"

Sonja fühlt sich verletzt und gibt zurück:

„Ja, was glaubst du eigentlich, was das für eine Zumutung ist, mit Schlampern zusammen zu leben, die zu allem Überfluss kein Gefühl für Geschmack und Ästhetik haben – ich muss da nur an die Farbe in deinen Haaren denken."

Anika: „Jetzt reicht es."

Sie schüttet den verbleibenden Kaffee in die Spüle und verlässt mit deutlichen Gesten die Küche. Sonja ist frustriert.

✐ Übung 10: Eskalationsfallen

Wo lauern in Ihrem Alltag Eskalationsfallen? Mit welchen Gedanken oder Sätzen können Sie diese vermeiden?

Bei meinem Kind:

_____

_____

_____

_____

Bei mir selbst:

_____

_____

_____

_____

Bei meinem Partner:

_____

_____

_____

_____

Schlechtes Vorbild

Das Lernen am Modell ist eine besonders effektive Art, zu neuen Verhaltensweisen zu finden. Auch Teenager lernen an Modellen – etwa am Verhalten der Gleichaltrigen. Aber auch am Verhalten der Eltern. Sie haben in erster Linie Einfluss auf Ihr eigenes Verhalten. Achten Sie also darauf, dass Sie Ihren Teenagern nicht signalisieren: Es gibt zwar Regeln – aber sie sind nicht verbindlich.

Gilt bei Ihnen beispielsweise die Regel: Nutella-Brote werden nur in der Küche gestrichen und dort verzehrt (Schutz von Teppich und Sofa) und nach 22 Uhr gibt es kein Nutella-Brot mehr – dann sollten Sie sich besonders nicht nach 22 Uhr mit einem Nutella-Brot im Wohnzimmer niederlassen. Tun Sie es doch, wird Ihr Teenager dies aufmerksam registrieren und nachahmen.

Teenager beobachten genau und sie beobachten Ihr gesamtes Verhalten: Wie Sie verhandeln, mit anderen Kompromisse eingehen, wie Sie sich streiten, schimpfen, fluchen oder gar handgreiflich werden. Wie Sie sich auseinander setzen, versöhnen, wie Sie Entscheidungen treffen und begründen. Prüfen Sie deshalb, was Sie Ihrem Teenager modellhaft vorleben, und steuern Sie Ihr Verhalten bewusst.

Die Familienregel lautet bei Familie Fink: Mit Straßenschuhen darf man das Wohnzimmer nicht betreten, nur Gästen ist das erlaubt. Jan konfrontiert seinen Vater, als er nach einer Besorgung mit den Straßenschuhen im Wohnzimmersessel sitzt und Zeitung liest. Helmut sagt flapsig: „Ich darf das. Ich weiß, wie man Schuhe so abstreift, dass der Teppich nicht schmutzig wird."

Was lernt der Sohn? Sobald ich die richtige Position innehabe und gut argumentiere, muss ich mich nicht mehr an Familienregeln halten.

✎ Übung 11: Vorbild – gut oder schlecht?
Welche Verhaltensweise hat Ihr Teenager nachgeahmt und wie haben Sie reagiert?

Negativ:

_____

_____

Positiv:

_____

_____

Problematische Grundannahmen

Es ist kaum zu überschätzen, wie stark bestimmte Grundannahmen im Denken der Eltern ihr Erziehungsverhalten beeinflussen. Solche Grundüberzeugungen können hilfreich sein. Sie können aber auch Probleme heraufbeschwören.

Problematische Grundannahmen sind etwa:[10]

- *Mit der Zeit wird es bestimmt besser.*
  Optimistisch auf Besserung zu warten führt oft zu Inaktivität. Man geht ein Problem nicht an und hofft, dass es sich von selbst erledigt. Das führt dazu, dass sich ein Problemverhalten immer mehr festigt und immer schwerer zu verlernen ist.

- *Der Teenager sollte es besser wissen.*
  Vorstellungen über das ideale Verhalten des Teenagers und das Klagen darüber, dass er sich eben nicht so ideal verhält, verhindern, konkrete kleine Schritte auf Veränderung hin in Angriff zu nehmen.

- *Das macht der Teenager absichtlich.*
  Diese Überzeugung macht Eltern und Erzieher missmutig; sie führt dazu, aus Wut und Überforderung überzureagieren. Sie kann Erwachsene auch daran hindern zu prüfen, inwiefern ihr eigenes Verhalten zu dem Problem beiträgt.

- *Es ist meine Schuld, dass sie so geworden sind.*
  Die Eltern und Erzieher suchen in diesem Fall die Schuld allein bei sich und erschweren sich den unbelasteten erzieherischen Umgang mit ihrem Teenager. Dem Teenager wird sein Teil der Verantwortung für problematisches Verhalten abgenommen.

- *Alles muss perfekt sein.*
  Eltern erwarten manchmal perfektes Verhalten von ihrem Teenager. Im Grunde ist es dann nicht der Teenager, der die Eltern enttäuscht, sondern die Eltern enttäuschen sich selber. Genauso erbarmungslos können überzogene Erwartungen der Eltern ihrem eigenen Erziehungsverhalten gegenüber sein. Sie wollen perfekt erziehen und sind schwer frustriert, wenn das nicht gelingt.

✎ **Übung 12: Problematische Grundannahmen**

Welche Einstellungen entdecken Sie bei sich, die ein positives Erziehungsverhalten erschweren? Wie könnte die neue Einstellung lauten?

_____

_____

_____

_____

Einflüsse von außen

Es gibt noch eine Vielzahl weiterer Faktoren, die das Verhalten von Teenagern, aber auch von Eltern beeinflussen. Das kann sein:

- die Qualität der Partnerbeziehung zwischen den Eltern
- die subjektive Befindlichkeit der Eltern
- das Ausmaß des alltäglichen Stresses der Eltern sowie der ganzen Familie
- die Gruppe der Gleichaltrigen (Peers) – es macht Eltern und Erzieher manchmal hilflos, wenn der (negative) Einfluss durch die Peers größer ist als der (positive) eigene
- Schule und Lehrer sowie die dort vermittelten Normvorstellungen
- oder umgekehrt Elternhäuser mit überzogenen oder problematischen Erwartungen
- schließlich der ganze Bereich der Medien und Technik vom PC-Spiel und Film, die erst ab 16 Jahren erlaubt sind, MP3-Player mit Musikdauerberieselung bis hin zum Chatten (Meinungsaustausch im Internet), LAN-Partys (Treffen zum gemeinsamen Computer-Spielen) und Kultserien im Fernsehen

- ein Onkel des Teenagers, der sich mit dem jungen Menschen prächtig versteht
- ein Freund des Sohnes, der seine Teenagerzeit sehr positiv „packt"
- ein Lehrer, Gruppenleiter oder Erzieher, der durch seine verbindliche Art das eigene Kind positiv prägt

Wenn Eltern negative Einflüsse wahrnehmen, ist es auf Dauer riskant, wenn sie mit ihren Teenagern nicht darüber sprechen und am Erleben ihrer Kinder keinen Anteil nehmen. Wo das Gespräch mit- und das Interesse füreinander fehlen, driften Eltern und Teenager allmählich in verschiedene Welten auseinander. Eltern wissen dann nicht mehr, was ihr Kind wirklich interessiert, was Einfluss auf den Sohn oder die Tochter nimmt und wohin er oder sie sich entwickelt. Gewiss kann man nicht alle Einflüsse einfach abstellen. Aber ist eine Gefahr erst erkannt, lässt sich bei Bedarf leichter gegensteuern.

✎ **Übung 13: Einflüsse von außen**
Wer oder was hat Einfluss auf Ihren Teenager?

Negativ:

_____

_____

_____

_____

Positiv:

_____

_____

_____

_____

Kapitel 4: Ziele setzen für Teenager und Eltern

Nun haben Sie sich über Grundlagen von Erziehung und die Ziele, die Sie für sich selbst oder für Ihren Teenager setzen wollen, informiert und mögliche Ursachen für Verhaltensprobleme kennen gelernt. Bitte formulieren Sie jetzt die Ziele, die Sie persönlich mit PEP4Teens erreichen wollen.

Ziele für Ihren Teenager: Überlegen Sie, welches Verhalten Sie sich bei Ihrem Teenager häufiger wünschen. Denken Sie auch darüber nach, welches Verhalten Ihres Teenagers für Sie problematisch ist – Schreien, verletzende Attacken, respektloses Verhalten, aggressive Auseinandersetzungen …

Wunschverhalten:

_____

_____

Problemverhalten:

_____

_____

Ziele für sich selbst: Überlegen Sie, welche Ziele Sie sich selbst setzen wollen. Wo möchten Sie Ihr Erziehungsverhalten ändern?

Denken Sie darüber nach, was Sie gern öfter tun möchten – loben, ruhige Anweisungen geben, Streitspiralen erkennen und aussteigen, konsequent sein …

Das will ich künftig öfter tun:

_____

_____

Das will ich künftig unterlassen – drohen, schreien, ungeduldig sein …?

_____

_____

Gute Ziele sind smarte Ziele

Ganz wichtig, um sich nicht zu überfordern, ist eine realistische und erreichbare Vorgabe. Wir empfehlen Ihnen daher: Formulieren Sie Ihre Ziele *smart*:

s   - spezifisch: Beschreiben Sie konkrete Verhaltensweisen.

m   - messbar: Woran ist zu erkennen, dass das Ziel erreicht wurde?

a   - aktiv: Beschreiben Sie, was geschehen soll, und nicht passiv, was aufhören soll.

r   - realistisch: Wählen Sie eher einen kleinen Schritt.

t   - terminiert: Bis wann wollen Sie dieses Vorhaben umgesetzt haben?

Anmerkung: Wenn Sie an einem PEP4Teens-Training teilnehmen, ist der Zeitrahmen bereits vorgegeben: Sie können Ihre gewählten Ziele acht Wochen lang unter Anleitung und Begleitung verfolgen und werden merken, dass sich Ihr Erziehungsverhalten und Ihre Einstellung tatsächlich verändert. Bedenken Sie, dass zwei oder drei kleine Schritte häufig mehr Erfolg bringen als ein einziges großes Vorhaben, das man nie verwirklicht.

Beispiele für „smarte" Zielformulierungen:

- Anika soll in den nächsten 6 Wochen lernen, die verabredete Grundordnung in ihrem Zimmer aufrechtzuerhalten (keine Wäsche auf dem Boden oder im Bett, Boden gesaugt, Schreibtisch darf unaufgeräumt bleiben). Kontrolliert wird jeweils samstags um 18 Uhr.

- Jan soll lernen, seine PC-Spielzeit innerhalb der nächsten vier Wochen konsequent zu beobachten und auf maximal 2 Stunden täglich einzuschränken. Dazu führt Jan ein PC-Logbuch, in dem er die Anfangs- und Endzeiten des PC-Spielens einträgt. Er legt dieses Logbuch mittwochs und samstags um 19.30 Uhr seinem Vater vor.

- Alexander soll selbstständig in drei KFZ-Werkstätten anfragen, ob er samstags aushelfen kann. Dazu soll er die Adressen und Telefonnummern selbst aus-findig machen, innerhalb der nächsten Woche vorbeigehen und anfragen.

- Carmen will lernen, die Wäsche selbstständig zu waschen. Ihre Mutter ist bereit, sie in den nächsten zwei Wochen in den Gebrauch der Waschmaschine einzuweisen. Carmen legt sich ein Heft an, in das sie alle Anweisungen zum Waschen notiert, und vereinbart mit ihrer Mutter einen Zeitplan, wann sie waschen kann.

- Sonja will in den nächsten drei Wochen an Anikas grünen Strähnen im Haar und an der Ordnung in ihrem Zimmer nicht mehr herumnörgeln, sondern mit einfachen Worten sagen, was ihr Anliegen ist. Dazu nutzt sie die Familienkonferenz am nächsten Sonntagabend (siehe Seite 108ff.).

✐ Übung 14: Ziele setzen

Schreiben Sie hier smarte Ziele auf, die Sie mit Ihrem Teenager und für sich als Eltern erreichen wollen.

Ziele für Veränderungen im Verhalten meines Kindes	Ziele für Veränderungen in meinem eigenen Verhalten

Kapitel 5: Verhalten beobachten und verstehen lernen

Wenn Sie problematisches Verhalten Ihres Teenagers zusammen mit ihm verändern wollen, müssen Sie es erst einmal konkret benennen. Beobachtung und Beschreibung des problematischen Verhaltens sind der erste Schritt zur Änderung.

- *Problem benennen*
  Was genau ist das problematische Verhalten, das verändert werden soll?
  Beispielsweise: den Bruder anschreien, wütend auf Mutter reagieren, zu spät nach Hause kommen.

- *Problemsituation beschreiben – Was passiert in der Situation?*
  Finden Sie heraus, in welcher Situation das problematische Verhalten auftritt. Wann, wo, wie häufig entstehen die Verhaltensprobleme?

- *Zusammenhang erfassen*

  Vorher – Was ist zuvor passiert?
  Aufschlussreich ist, was dem problematischen Verhalten vorausging. Es könnte sein, dass Streit mit dem Geschwisterkind besonders häufig direkt nach der Schule auftritt oder der Teenager sich weigert, im Haus mitzuhelfen, wenn während dieser Zeit eine interessante TV-Sendung kommt.

  Nachher – Was folgt nach dem Problemverhalten?
  Genauso wichtig ist es, zu beobachten, was nach dem Problemverhalten folgt. Wie reagieren Geschwister und Eltern auf das Verhalten? Erhält der Teenager durch sein Verhalten einen Vorteil?

Um problematisches Verhalten von Teenagern und auch von Eltern zu verändern, ist es hilfreich, die genaue Beobachtung in einem Verhaltenstagebuch festzuhalten. Über einen Zeitraum von 7 bis 14 Tagen zeigen sich meist Verhaltensmuster und Regelmäßigkeiten, die nicht so deutlich werden, wenn man entsprechende Situationen nur „im Gedächtnis" speichert.

Es hat sich bewährt, dieses Verhaltenstagebuch im Beobachtungszeitraum immer in Reichweite zu haben, um entsprechende Ereignisse spontan eintragen zu können. Scheuen Sie den Aufwand innerhalb dieser 14 Tage nicht. Sie kommen dadurch ihrem Ziel näher.

Beispiel für ein Verhaltenstagebuch für den Teenager

Name: Anika

Problemverhalten	Vorher	Nachher	Anmerkungen
7.15 Uhr: Schreit Sonja an, ist spät dran.	Hat keine Zeit mehr fürs Frühstück; Sonja richtet das Schulbrot und packt es ein.	Sonja fährt Anika zur Schule, Anika bedankt sich.	Anika ist erleichtert, dass sie nicht zu spät kommt
17 Uhr: Anika wird wiederholt aufgefordert, das Wohnzimmer wie abgemacht zu putzen. Sie sagt, dass sie noch so viele Hausaufgaben hat, fängt schließlich an zu weinen.	Hat lange herumgetrödelt und endlos mit einer Freundin telefoniert.	Anika macht Hausaufgaben. Sie hört, wie Sonja nun selbst das Wohnzimmer putzt.	Anika hat ein schlechtes Gewissen.
19 Uhr: Anika brüllt unverschämt ihren Vater an.	Vater hatte versprochen, in Mathe zu helfen, muss aber noch mal weg und hat keine Zeit.	Anika geht in ihr Zimmer und schlägt die Türe zu, versucht kurz, Mathe zu machen, hat dann keine Lust mehr. Hört laut Musik.	Sie ist sauer auf den Vater, fühlt sich im Stich gelassen.

Beispiel für ein Verhaltenstagebuch für Eltern

Name: Sonja

Problemverhalten	Vorher	Nachher	Anmerkungen
7.20 Uhr: Sonja fährt Anika schnell zur Schule, da diese spät dran ist.	Anika ist zu spät aufgestanden, hat keine Zeit fürs Frühstück, schreit Sonja an.	Sonja ist erleichtert, dass die Tochter noch in Ruhe in den Unterricht kommt, hat nun aber selbst keine Zeit mehr, da sie auch vor 8 Uhr noch weg muss.	Ärgert sich, dass sie Anika wieder aus der Patsche geholfen hat und jetzt selbst unter Druck gerät.
19.15 Uhr: Jan will zum Fußballspielschauen mit Freunden, obwohl er die vereinbarten Aufgaben noch nicht ausgeführt hat. Heftiger Streit, weil er trotzdem gehen will. Sonja gibt nach.	Statt die Mülleimer zu leeren und den Müll an die Straße zu bringen, hat Jan zu lange am Computer gespielt. Nun ist er sauer, weil er seine Freunde nicht im Stich lassen will.	Sonja will Jan den Abend nicht verderben und willigt schließlich ein, dass er geht. Den Müll bringt sie selbst hinaus wegen der Müllabfuhr.	Fühlt sich hilflos, weil Jan sich nicht an die Abmachungen hält.
21 Uhr: Sonja gibt Anika Hinweise, wie durch bessere Anordnung mehr Geschirr in die Spülmaschine geht. Anika rastet aus: „Alles mache ich falsch, mach es doch selbst!" und geht.	Sonja kommt dazu, wie Anika gerade freiwillig die Spülmaschine einräumt und platzt sofort mit ihren Korrekturen los.	Sonja ärgert sich über sich selbst, denkt aber, dass man die Spülmaschine nach wie vor nicht so unmöglich einräumen darf.	Es tut Sonja leid, Anika auf dem falschen Fuß erwischt zu haben.

✎ Übung 15: Verhaltenstagebuch
15a: Verhaltenstagebuch Teenager

Schreiben Sie das **problematische Verhalten Ihres Teenagers** auf und beobachten Sie für eine bestimmte Zeit dieses Verhalten.
Tragen Sie Ihre Beobachtungen in die folgende Tabelle ein:

Problemverhalten: _____   Beobachtungszeitraum von _____ bis_____

Problemverhalten (konkret)	Das führte dazu (Wann, wo, mit wem? Was war vorher?)	Das passierte nachher (angenehme/unange- nehme Konsequenzen)	Anmerkungen

15b: Verhaltenstagebuch Eltern

Schreiben Sie ein eigenes problematisches Verhalten auf und beobachten Sie für eine bestimmte Zeit dieses Verhalten.
Tragen Sie Ihre Beobachtungen in die folgende Tabelle ein:

Problemverhalten: _____   Beobachtungszeitraum von _____ bis _____

Problemverhalten (konkret)	Das führte dazu (Wann, wo, mit wem? Was war vorher?)	Das passierte nachher (angenehme/unange- nehme Konsequenzen)	Anmerkungen

Jetzt wird's konkret: Schritte zur Umsetzung

Führen Sie als Elternpaar eine „Erziehungskonferenz" durch, an der die Kinder nicht teilnehmen. Das Ziel ist, miteinander über die Themen in Teil 1 ins Gespräch zu kommen. Nehmen Sie sich dazu mindestens eine halbe Stunde Zeit und sorgen Sie dafür, dass Sie ungestört reden können.

Wählen Sie sich aus der Tabelle in Übung 14 eine oder zwei Verhaltensweisen aus, die Sie in der nächsten Woche systematisch beobachten wollen.

Verhaltensweise 1:

_____

_____

Verhaltensweise 2:

_____

_____

Anmerkungen (Fragen, Ideen):

_____

_____

_____

_____

Teil II: Positive Beziehungen aufbauen

Was Sie in dieser Einheit erwartet

„Vitamin B" – auf die Beziehung kommt es an. Das gilt in vielen Lebensbereichen. Und genau dies ist auch der Schlüssel für gelingende Erziehung. Sie können als Eltern eine Menge dafür tun, dass die Beziehung zu Ihrem Kind auf einem tragfähigen Fundament ruht. In dieser Einheit geht es um „Vitaminspritzen" für eine gute Beziehung zu Ihrem Teenager.

Bausteine für eine positive Beziehung

Eine gelingende Beziehung zu Ihrem Teenager ist durch nichts zu ersetzen. PEP4Teens legt daher den Schwerpunkt des Bemühens auf die Entwicklung und Gestaltung von Beziehung als Grundlage für Erziehung. Sie erfahren, wie Sie eine gelingende Beziehung aufbauen können.

Stärken, was bereits gelingt

Auf dem Weg zu einem selbstständig gestalteten Leben hilft Teenagern Lob und Unterstützung mehr als ständige Kritik und Ermahnungen. Sie lernen, wie Sie effektiv loben und Ihren Teenager unterstützen können.

Mut machen zu neuem Verhalten

Eltern und Erzieher können durch ihr Vorbild dazu beitragen, dass Teenager ihren Platz im Leben finden. Aber auch mit einer besonderen Art von „Anschubfinanzierung" können neue Verhaltensweisen stabilisiert werden.

Werte, Überzeugungen, religiöse Orientierung

Eltern wollen, dass ihre Teenager Werte und Überzeugungen mit ihnen teilen. Mit Zwang aber erreicht man eher das Gegenteil, denn Teenager wollen und müssen sich von den Erwachsenen abgrenzen, um ihre eigenen Identität zu finden. Sie erfahren, wie Sie Gefahren entgegenwirken können und Ihren Kindern einen Orientierungspunkt in Fragen nach Grundwerten des Lebens bieten können.

Kapitel 6: Bausteine für eine positive Beziehung

Eine gelingende Beziehung zu Ihrem Teenager ist durch nichts zu ersetzen. PEP4Teens legt daher den Schwerpunkt des Bemühens auf die Entwicklung und Gestaltung einer positiven Beziehung als Grundlage für die Erziehung.

Eine „Technopädagogik", die Kinder und Eltern in erster Linie auf bestimmte Methoden trainiert und stark auf „richtiges" Verhalten ausgerichtet ist, läuft Gefahr, das Herz zu vernachlässigen. Zielorientiertes Verhalten, Wissen um die eigenen Prioritäten und Strategien, wie man zum Ziel kommt, sind hilfreich und unverzichtbar. Aber ohne Liebe und ohne eine gute Beziehung, ohne dieses „Vitamin B", machen Erziehungsmethoden krank. Sie disziplinieren und regeln und sorgen vielleicht für einen reibungslosen Ablauf des Alltags.

Aber in der Erziehung geht es um mehr. Unsere Kinder brauchen Wärme und Liebe, sie brauchen das tiefe Gefühl, angenommen zu sein und geschätzt zu werden – auch mit ihren „Macken", die ihnen ja selbst meist nur zu bewusst sind. Und sie benötigen zum Leben die Gewissheit, in den Eltern einen Rückhalt zu haben, der feststeht, was immer auch passiert. Wo Eltern oder Erzieher eine „Herzens-Beziehung" zum Teenager finden, sind die Methoden, die sie in der Erziehung anwenden, zwar nicht unwichtig, aber nachrangig.

Setzen Sie also auf Beziehungsarbeit. Sie verspricht reiche Früchte: Die Freude, zu erleben, dass Ihr Kind seine Gaben und Fähigkeiten entfaltet und selbstbewusst in die Freiheit und Verantwortung des Erwachsenenlebens hineinwächst. Und die Freude, auch über die schwierigen „Flegeljahre" hinaus eine liebevolle Verbindung zu Ihrem Kind zu erleben, die auf einem tragfähigen Fundament ruht.[1]

Welches sind die Bausteine einer gelingenden Beziehung?

Teenager bewusst wahrnehmen

Wertschätzung äußert sich in kleinen Gesten.

Manchmal fällt die Entscheidung morgens auf dem Flur. Noch etwas schläfrig sitzt man beim Frühstück. Der Teenager kommt ins Zimmer und schlurft an den Tisch. Ohne Worte, kaum Mimik. Vielleicht irritiert Sie dies als Eltern. Aber vielleicht durchbricht ein herzliches und ehrliches „Guten Morgen, Jan" oder „Schön, dich zu sehen, Anika" die Spannung.

Nein, es geht nicht darum, jetzt am frühen Morgen die Mathe-Noten zu diskutieren oder Arbeit zu verteilen. Es geht nur darum, Ihren Sohn, Ihre Tochter wahrzunehmen. Ihm oder ihr zu zeigen, dass Sie sich für ihn interessieren. Und tatsächlich beginnt dies oft schon damit, ob und wie Sie sich begrüßen.

Seien Sie also erfinderisch. Begegnen Sie Ihrem Teenager immer wieder mit kleinen Gesten, die signalisieren: Ich nehme dich wahr, ich mache mir Gedanken über dich, ich freue mich, dich zu sehen.

„Beziehungskiller" vermeiden

Vertrauen ist die Grundlage für jede positive Beziehung. Und Vertrauen muss man aufbauen. Das geschieht auch dadurch, dass Sie Vertrauen nicht verletzen. „Beziehungskiller" – das sind bewusste oder auch unbewusste, ausgesprochene oder auch unausgesprochene Gedanken und Haltungen, die die Beziehung belasten. Solche „unbewussten Vorzeichen" können sein:[2]

- *Einmal versagt – immer versagt*
  „Es gibt keine Hoffnung mehr …"
- *Verurteilen, ohne die näheren Umstände zu kennen*
  „Ich habe es ja schon immer gewusst!"
- *„Vertrauen" gegen Bedingungen*
  „Verdiene dir mein Vertrauen, ehe ich dir vertrauen kann!"
- *Fehler vorhalten*
  „Weißt du eigentlich, was gestern und vorgestern und vorvorgestern gelaufen ist? Was du uns da zugemutet hast?!"

Prüfen Sie sich selbst, ob solche Grundannahmen Ihr Verhalten gegenüber Ihrem Teenager beeinflussen und prägen. Sollte das der Fall sein – tun Sie alles dafür, diese Störfaktoren der Beziehung zu beseitigen.

✐ **Übung 16: „Beziehungskiller"**

Notieren Sie, welche der genannten „Beziehungskiller" in der Beziehung zu Ihrem Teenager wirksam sind.

_____

_____

_____

Vielleicht fallen Ihnen noch andere „Beziehungskiller" ein. Notieren Sie diese und sprechen Sie als Eltern miteinander oder mit Ihrem Erziehungspartner darüber. Dabei können Ihnen folgende Fragen helfen:

- Woher kommt der Gedanke?
- Wann setzen Sie ihn ein?
- Wie wirkt sich diese Haltung aus?

Gemeinsame positive Zeit erleben

Liebe, die man spüren kann, braucht vor allem eines: Z-E-I-T. Dabei kommt es bei Teenagern vor allem auf die Qualität der gemeinsamen Zeiten an. Gemeinsam verbrachte Zeit, die Eltern und Teenager positiv erleben, ist ein unschätzbar wertvoller Baustein im Beziehungsgebäude.

Versuchen Sie herauszufinden, wann Sie mit Ihrem Teenager gute Zeiten erleben. Dies kann der Fall sein, wenn Sie mit ihm allein zusammen sind, wenn niemand unter Druck steht, bestimmte Dinge zu erledigen. Beim Autofahren, abends vor dem Zubettgehen oder an den Wochenenden. Sollten sich solche Zeiten automatisch nur selten einstellen, ist es gut, wenn Sie diese bewusst planen. Eine Einladung ins Kino oder eine Wochenendreise zu Freunden, die auch der Teenager mag. Spiel und Spaßzeit in allen erdenklichen Formen. Wichtig ist, dass Ihr Teenager mit Freude dabei ist. Wenn man miteinander gemeinsame „Abenteuer" erlebt, schweißt dies zusammen.

Positive Beziehungszeiten müssen aber nicht nur mit positiven Gefühlen gefüllt sein. Auch Zeiten gemeinsamer Trauer oder die Anteilnahme an der Trauer des

Teenagers über den Verlust einer Sache, eines geliebten Tieres oder eines Menschen schaffen positive Bindungsgefühle.

Positiv sind gemeinsame Zeiten, wenn sie völlig zweckfrei sind. Sie sitzen einfach nur zusammen und erzählen einander, was gerade ansteht, was Ihren Sohn oder Ihre Tochter beschäftigt, was Sie selbst freut oder bedrückt – ohne dass dieses Gespräch gesteuert wird oder ein bestimmtes Ziel verfolgt.

Die Kunst persönliche Gespräche zu führen

Einander zu begegnen setzt immer voraus, dass sich die Beteiligten füreinander interessieren und eine persönliche Ebene finden. In manchen Familien dreht sich das Gespräch vorwiegend um die Absprache von Äußerlichkeiten. Ein Gespräch, das die Beziehung festigt, muss aber über die Ebene des Äußeren hinausgehen und etwas von der Persönlichkeit der Gesprächspartner und deren Gefühlen mitteilen. Es muss die Ebene der persönlichen Empfindungen und des je eigenen Erlebens erreichen. Als Eltern oder Erziehende können Sie im Gespräch mit Ihrem Teenager Anstöße geben, diese persönliche Gesprächsebene zu pflegen.

Es ist gut, wenn Eltern „unauffällige" Gelegenheiten nutzen, die zu „zufälligen" Gesprächen einladen: Sie sind verfügbar, wenn Sohn oder Tochter aus der Schule kommen. Sie sind auch mal als Chauffeur im Einsatz (Autofahrten sind wunderbare zwanglose Gesprächsgelegenheiten) oder gehen mit der Tochter zum Einkaufsbummel in die Stadt.

Manchmal ist der Anfang eines Gespräches schwierig. Eine gute Möglichkeit, das Gespräch zu beginnen, liegt darin, über sich selbst zu sprechen. Teilen Sie mit, wie es Ihnen heute bei der Arbeit ging, was sie gefreut oder belastet hat. Eine Hilfe kann es sein, wenn Sie sich vorstellen, Sie würden sich mit Ihrem besten Freund oder Ihrer besten Freundin austauschen. Denken Sie daran: Die positiven Erlebnisse und erfreulichen Themen sind als Gesprächseinstieg besser geeignet als Frust, Wut und Ärger.

Fragen Sie dann etwas, von dem Sie wissen, dass es Ihren Teenager interessiert. Dies kann Aktivitäten betreffen, die Sie miteinander unternommen haben oder unternehmen wollen. Achten Sie darauf, worüber Ihr Teenager spricht, und zeigen Sie Interesse. Zeigen Sie Respekt vor den Inhalten, die er Ihnen erzählt, und machen Sie sich nicht lustig darüber. Dies wird Ihren Teenager ermutigen, offener zu reden. Stellen Sie klärende Fragen, fassen Sie zusammen, was Sie hören, und nennen Sie hin und wieder etwas von Ihren eigenen Erfahrungen, wenn dies relevant ist.

Seien Sie aufmerksam dafür, wenn Ihr Teenager über Probleme oder Fragen zu reden beginnt, die ihn beschäftigen, oder über Themen, in denen er nach Orientierung sucht. Und wenn irgend möglich, nehmen Sie sich jetzt die Zeit, darauf einzugehen. Die Gelegenheit kommt vielleicht so schnell nicht wieder. Und gerade jetzt ist Ihr Kind offen für ein Gespräch.

Wenn Sie gerade nicht genügend Zeit haben, verabreden Sie miteinander einen passenden Zeitraum und halten Sie ihn unbedingt ein.

Inge steht mit Alexander „zufällig" am späten Montagnachmittag in der Küche.

Inge: „Der Besuch gestern bei Tante Sibylle hat mich ziemlich genervt. Ich mag sie ja. Aber sie ist die Schwester deines Vaters. Wenn sie mir immer wieder durch die Blume vorwirft, dass ich an unserer Scheidung schuld sei, ärgert mich das."

Alexander: „Mmh."

Nach einer Minute: „Dann geht es dir ja dort so wie mir in der Schule, wenn sie sich lustig machen, weil mein Vater nicht bei uns lebt."

Inge: „Ja, das ist wohl so."

Alexander: „Es ist doof, dass Papa nicht bei uns lebt."

Inge: „Das ist wirklich sehr schwer und ich merke, wie sehr dich das beschäftigt. Es ist für uns alle nicht leicht, aber wir müssen lernen, mit dieser Situation zu leben. Papa ist ja immer noch dein Vater, auch wenn du ihn nur am Wochenende siehst. Hast du mit ihm mal über diese Situation gesprochen?"

Alexander und Inge stehen noch 5 Minuten in der Küche. Inge nimmt Alexander in den Arm. Alexander hat das Gefühl, dass ihn seine Mutter versteht, auch wenn sie an der Situation derzeit nichts mehr ändern kann.

✎ **Übung 17: Im Gespräch bleiben**
Überlegen Sie, mit welchen Themen sich Ihr Teenager beschäftigt oder welche Erfahrungen er gerade macht – in der Schule, mit Freunden, mit Musik, Filmen etc.

_____

_____

_____

Was sind Themen, die Sie selbst bewegen und über die Sie mit Ihrem Teenager voller Begeisterung reden können?

_____

_____

_____

Das Positive sehen (wollen)

Viele Konflikte entstehen dadurch, dass Eltern ihren Teenager „in einer Schublade" haben. Sie sehen ihn oder sie nur noch durch eine bestimmte Brille, nehmen ihn nur noch von einer Seite her wahr, meist derjenigen, die sie ärgert und die Schwächen und Fehler ihres Teenagers repräsentiert. Hier können Sie umsteuern. Richten Sie Ihren Blick bewusst auf die guten Seiten Ihres Teenagers. Entdecken sie, welche Möglichkeiten in Ihrem Sohn, in Ihrer Tochter stecken. Und machen Sie dies zum Zentrum Ihrer Wahrnehmung.

Lenken Sie Ihre Aufmerksamkeit auf positive Ereignisse. Achten Sie im täglichen Ablauf vermehrt auf Ereignisse, die Sie veranlassen, sich über Ihren Teenager zu freuen oder stolz auf ihn zu sein: etwa eine gute Note – auch wenn sie im Nebenfach erreicht wurde – oder eine öffentliche Anerkennung Ihres Teenagers in der Klassengemeinschaft oder im Verein.

Achten Sie auch auf Kleinigkeiten und Selbstverständlichkeiten. Beachten Sie besonders auch, wenn üblicherweise schwierige Situationen weniger problematisch ablaufen als sonst. Und wenn es Ihnen gelingt, diese positiven Beobachtungen in einen kurzen Nebensatz beim Frühstück einzubauen oder beim Nachmittagskaffee „am Rande" zu erwähnen, wird Ihr Teenager hellhörig. Er weiß: „Aha, sie haben es gemerkt!"

🖉 **Übung 18: Das Positive sehen**

Notieren Sie positive Erfahrungen mit Ihrem Teenager. Worüber haben Sie sich gefreut? Worauf sind Sie stolz? Denken Sie dabei auch an kleine Ereignisse.

_____

_____

_____

Sie können Ihre Eindrücke auch systematisch sammeln. Schreiben Sie eine oder zwei Wochen lang ein *Positiv-Tagebuch* (Kopiervorlage s. S. 163): Nehmen Sie sich jeden Abend Zeit, den Tag noch einmal in Gedanken durchzugehen und dabei zu überlegen, was an diesem Tag mit Ihrem Teenager gut oder besser als üblich gelaufen ist und worüber Sie sich gefreut haben.

Positiv-Tagebuch		
Datum	Was war gut?	Meine Reaktion

Sprechen Sie mit Ihrem Teenager über das Geschehen des Tages. Beginnen Sie dabei mit den positiven Ereignissen. Ein Auszug aus dem Tagebuch von Sonja zeigt, was gemeint ist.

5. Mai, 18 Uhr. Anika kommt von einer Freundin zurück. Sie erzählt, wie sie auf dem Rückweg ihre alte Tante im Krankenhaus besucht hat. Von ihrem Taschengeld kaufte sie ihr eine Nelke. Die Tante hat sich darüber wohl sehr gefreut.

Ich habe ihr gesagt: „Anika, ich bin sehr beeindruckt davon, dass du an Tante Irene gedacht hast. Das ist ein sehr schöner Zug an dir."

Kapitel 7: Stärken, was bereits gelingt

Teenager stehen vor der Aufgabe, aus dem Behütet- und Umsorgt-Sein der Kindheit in Eigenständigkeit und Verantwortung für das eigene Leben hinein-zuwachsen. Sie müssen ihre eigenen Werte definieren, ihre eigenen Fähigkeiten ausloten, ihren Platz in der Gemeinschaft der Gleichaltrigen finden. Für diese schwierige Aufgabe brauchen sie vor allem eines: die Unterstützung und Ermu-tigung durch ihre Eltern.

Und sie brauchen eines dabei nicht: ständige Kritik, Ermahnungen und den Hinweis darauf, was sie alles falsch machen.

Wie können Sie Ihre Tochter, Ihren Sohn auf seinem Weg zu einem verant-wortlich gestalteten Leben unterstützen?

Loben Sie Ihren Teenager

Jeder mag es, gelobt zu werden, obwohl Teenager (auch Erwachsene) manchmal so tun, als ob ihnen nichts an Lob und Anerkennung liegen würde. Aber richtig zu loben ist gar nicht so einfach.

- Achten Sie darauf, was Ihr Teenager tut, und *loben Sie* ihn für *erwünschtes Ver-halte*n. Manchmal sind wenige Worte genug: „Danke, dass du die Musik leise gestellt hast, solange ich am Telefon war" oder: „Du hast beim Autoputzen gute Arbeit geleistet."
- *Beschreiben Sie genau*, was Sie geschätzt haben. Das ist effektiver als ein all-gemeines „Danke" oder „Gut gemacht". Lob funktioniert am besten, wenn Sie begeistert sind und meinen, was Sie sagen. Hier gilt es für Sie als Eltern und Erzieher, Echtheit einzuüben.
- *Loben Sie positiv.* Oft neigen wir dazu, „negativ zu loben". Wir sagen: „Schön, dass du dieses Mal nicht mit dreckigen Schuhen durch den Flur gegangen bist." Besser ist: „Schön, dass du die dreckigen Schuhe vor der Tür ausgezogen hast. Danke!"
  Jedes „negative Lob" ruft das Verhalten in Erinnerung, das vermieden werden soll (mit dreckigen Schuhen durch den Flur laufen). Besser ist es, beim Loben das in Erinnerung zu rufen, was sein soll und so auch geklappt hat (die dre-ckigen Schuhe stehen vor der Tür).

Schenken Sie Ihrem Teenager Aufmerksamkeit

Es gibt verschiedene Möglichkeiten, einem geliebten Menschen Aufmerksamkeit zu schenken:

- Sich anlächeln, ohne auszulachen.
- Ein Augenzwinkern.
- Sich ein nettes Wort sagen, ohne dass es missverständlich wirkt.
- Eine kurze Berührung am Arm oder auf der Schulter (aber Vorsicht: Nicht jeder Teenager mag den Körperkontakt durch die Eltern).
- Gemeinsames Lachen über eine witzige Situation.
- Miteinander über eine ungerechte Sache schimpfen.
- Ein Missgeschick betrauern.
- Spüren lassen, dass man an den anderen denkt.
- Eine SMS einfach nur so zwischendurch schicken.

Alle diese kleinen Gesten bestärken Ihren Teenager in seinem Selbstwertgefühl. Sie zeigen Ihrem Teenager zusätzlich zu Ihrem ausgesprochenen positiven Lob, wie Sie sein Verhalten schätzen. Sie können diese Formen der Zuwendung ebenso einsetzen, um erwünschtes Verhalten in Situationen zu fördern, in denen Lob auszusprechen nicht möglich ist. Beispielsweise wenn sich Ihr Teenager in einer Gruppe von Freunden aufhält und Ihr Lob ihm peinlich sein könnte.

✐ **Übung 19: Aufmerksamkeit schenken**
Überlegen Sie, wie Sie Ihrem Teenager besondere Aufmerksamkeit schenken können.

_____

_____

_____

Besprechen Sie mit dem Partner, wofür Sie Ihren Teenager loben wollen.

_____

_____

_____

Rollenspiel: Einüben von angemessenem Loben

Wenn Sie dieses Buch zusammen mit jemandem lesen, können Sie das folgende Rollenspiel durchführen:

- Einer von Ihnen ist der Teenager. Der andere ist die Mutter, der Vater oder der Erzieher.
- Stellen Sie kurz die Situation und das Verhalten vor, für das Sie Ihren Teenager loben wollen.
- Achten Sie auf eine genaue Beschreibung dessen, was Sie loben wollen.
- Stellen Sie Blickkontakt zum „Teenager" her .
- Sprechen Sie jetzt den „Teenager" an und formulieren Sie Ihr Lob positiv.
- Gerne können Sie das Lob auch mit einer anerkennenden Geste verbinden.
- Lassen Sie sich von „Ihrem Teenager" aus dem Rollenspiel und – wenn andere Beobachter dabei sind – auch von diesen Rückmeldung geben, wie diese Ihr „Loben" erlebt haben.

Kapitel 8: Mut machen zu neuem Verhalten

Wesentliche Fertigkeiten und für das soziale Miteinander erforderliche Verhaltensweisen werden im Kindesalter erlernt. Aber das Lernen hört mit dem Ende der Kindheit nicht auf. Im Gegenteil: Gerade in der Pubertät muss der junge Mensch eine beachtliche „Lernleistung" erbringen, indem er nun selbst gesteuert seinen Platz in der Welt finden muss, die ihn vor ungewohnte Aufgaben stellt.

Was können Sie als Eltern und Erzieher tun, um Ihren heranwachsenden Kindern diese Aufgabe zu erleichtern?

Seien Sie Vorbild

Kinder lernen durch Nachahmen. Teenager ebenso. Sie suchen nach Modellen, an denen sie die Bewältigung des Lebens abschauen und lernen können und die ihnen Orientierung bieten. Sie suchen aber auch nach Leitbildern und nach Maßstäben. Machen Sie sich also klar: Auch wenn Ihre Tochter oder Ihr Sohn vielleicht „offiziell" vieles ablehnt, was Sie befürworten – sie oder er orientiert sich dennoch an Ihrem Verhalten. Sie sind ein Vorbild für Ihren Teenager – ob Sie es wollen oder nicht. Achten Sie darauf, welches Bild Sie abgeben.

- Sonja gehen die Nerven durch. „Warum kannst du deine alten Kleider nicht mal in den Korb in der Waschküche tun. Deine Schuhe stehen auch schon wieder auf der Treppe rum und im Bad liegen zwei deiner Perlenketten", schimpft sie mit Anika. Die wendet sich schulterzuckend ab und sagt nur: „Schau mal in dein Nähzimmer. Bei dem Chaos dort kann kein Mensch arbeiten. Man kommt nicht mal zum Fenster durch."

- Helmut beschwert sich bei Jan: „Du hängst den ganzen Samstag vor dem PC rum. Du könntest ruhig mal was Sinnvolles unternehmen." Sein Sohn versteht die Kritik nicht, schließlich hat sich Helmut gerade eine Chips-Tüte und die Fernsehzeitung geholt, um nach dem Beginn der Sportsendung zu schauen.

- Helmut und Sonja laden am Sonntag die neu zugezogene Familie aus ihrer Straße zum Essen ein. Dabei sprechen sie über das Angebot ihrer Gemeinde, die gerade eben ein Projekt für Kirchendistanzierte vorgestellt hat. Jan bringt am Mittwoch einen neuen Mitschüler mit nach Hause, um ihm seinen Computer zu zeigen. Auch für ihn ist es nach dem Vorbild seiner Eltern selbstverständlich, auf andere zuzugehen.

Es ist hilfreich, wenn Sie sich selbst so verhalten, wie Sie es sich von Ihrem Teenager wünschen. Wenn Sie sich wünschen, dass er pünktlich ist, seien Sie selbst pünktlich. Wenn Sie wollen, dass er zu Hause nicht mehr flucht, achten Sie auf Ihre eigene Sprache. Und loben Sie ihn, wenn er das Richtige tut (siehe oben).

Erwarten Sie nicht von Ihrem Teenager, dass er die Familienregeln befolgt, wenn niemand sonst in der Familie sie einhält.

Seien Sie geduldig. Verhaltensänderungen brauchen oft längere Zeit. Denken Sie an sich selbst. Wenn Sie von heute an Ihr Hemd in einer neuen Reihenfolge zuknöpfen wollen, dann geht das morgen vermutlich noch relativ einfach, übermorgen auch noch. Aber bereits in einer Woche, wenn die bewusste Aufmerksamkeit nachlässt, werden Sie es so machen wie immer.

Dabei geht es neben Charakter und Integrität besonders um die „banalen Dinge" des Alltags. Wenn Sie wollen, dass Ihr Teenager seine Kleider selbst wäscht, nehmen Sie sich Zeit, ihm zu zeigen, wie man die Waschmaschine bedient. Wenn Sie wollen, dass er den Rasen selbstständig mäht, zeigen Sie ihm, wie man mit dem Rasenmäher umgeht. Lassen Sie ihn zuerst zuschauen, wie es geht, dann soll er es selbst versuchen. Setzen Sie nicht voraus, dass er schon weiß, wie es geht, oder aus der Betriebsanleitung schlau wird. Das gilt auch für Werte, die Sie Ihren Teenagern nahe bringen wollen.

✎ Übung 20: Glaubwürdig sein

Wählen Sie aus den Zielen für den Teenager eine Verhaltensweise aus, zu der Sie ihm ein gutes Vorbild sein wollen:

Ziel für den Teenager:

_____

_____

Beschreiben Sie Ihr modellhaftes Verhalten:

_____

_____

_____

„Anschubfinanzierung" für neues Verhalten – der Punkteplan

Sie als Eltern wünschen sich, dass Ihr Teenager zu einem glücklichen und verantwortlichen Menschen wird. Das sind wichtige, aber auch sehr hohe Ziele. Um sie zu erreichen, bedarf es manchmal sehr konkreter Entwicklungsschritte. Wie können Sie Ihr Kind in dieser Entwicklung unterstützen? Neben dem gezielten Loben des Teenagers, das ihn motiviert, gibt es weitere methodische Hilfen, die Ihren Teenager zu neuen Verhaltensweisen anspornen.

Eine solche Hilfe ist das Mittel der *„Anschubfinanzierung"*. Für das Erreichen eines bestimmten Zieles wird eine Belohnung in Aussicht gestellt. Damit ist nicht in erster Linie eine materielle Zuwendung gemeint. Mit Fantasie und im gemeinsamen Gespräch mit Ihrem Teenager können Sie Ihren ganzen Ideenreichtum entfalten. Alles, was hilft, ein positives Gefühl zu erzeugen, das mit dem neuen Verhalten verbunden ist, hilft dem Teenager, das neue Verhalten auch wirklich einzuüben.

Vielleicht hilft auch der Rückgriff auf einen einfachen Smilie-Plan, den Sie schon eingesetzt haben, als Ihr Teenager ein kleines Kind war. Punkte sammeln auch noch Erwachsene gern – wie Aktionen in Kaufhäusern oder von Tankstellen belegen. Entscheidend ist, was am Ende als Belohnung beim Erreichen der erforderlichen Punktzahl herausspringt. Die Hauptfunktion solcher Verstärker liegt darin, dass Sie dem Teenager einen Anreiz bieten, ein erwünschtes Verhalten zu beginnen und beizubehalten.

Jan will seinen neuen Computer mit einer leistungsfähigen Grafikkarte und einigen neuen PC-Spielen aufrüsten. Helmut lässt sich von Jan die Seite mit dem Wunsch-Zubehör aus dem Katalog des Händlers geben. Er zerschneidet die Seite in 12 Puzzleteile. Weil Jan unbedingt seine Englischkenntnisse verbessern sollte, vereinbaren sie folgende Regelung: Helmut fragt immer freitags um 18 Uhr die Vokabeln ab. Für jeweils 50 richtige Worte erhält Jan ein Puzzleteil. Ist das Bild fertig, erhält er das Geld für die Grafikkarte und die Spiele.

Folgende Regeln sind zu beachten:[3]
- Wählen Sie ein Verhalten aus, das verändert oder entwickelt werden soll. (Jan soll englische Vokabeln lernen.)
- Beschreiben Sie unerwünschtes Verhalten und die Situation, in der es auftritt, möglichst konkret. (Siehe Verhaltenstagebuch – „Statt englische Vokabeln zu lernen, spielt Jan am PC.")
- Beschreiben Sie, wie das erwünschte Verhalten in dieser Situation aussehen müsste. Formulieren Sie positiv und konkret. (Jan soll Vokabeln regelmäßig lernen, und er soll dies selbstständig tun.)

- Wählen Sie die unmittelbare Belohnung aus und die Anzahl von Punkten, die sich Ihr Teenager erarbeiten muss, um die Zielbelohnung zu erhalten. Das erste Ziel sollte leicht zu erreichen sein (1 Puzzleteil als sofortige Belohnung für 25 richtige Worte; 12 Puzzleteile für die Graphikkarte).
- Legen Sie eine Konsequenz, eine Möglichkeit zur „Nachbesserung" fest für den Fall, dass Ihr Teenager eine Regel verletzt oder das Ziel nicht erreicht. (Sollten die Wörter nicht gelernt sein oder mehr als 3 fehlerhaft sein, hat Jan eine Nachholfrist bis Sonntagabend.)
- Entziehen Sie keine Punkte. (Am Montag erfährt Helmut, dass Jan in Biologie eine schlechte Note geschrieben hat. Spontan will er Jan ein Puzzleteil entziehen, aber sie haben vereinbart, dass das nicht geschehen darf. Dies würde Druck und Angst erzeugen und die Motivation stören.)
- Sprechen Sie ab, wo der Plan angebracht werden soll. (Der Puzzle-Plan zum Aufkleben der Teile hängt in Jans Zimmer.)
- Erinnern Sie Ihren Teenager an den Punkteplan. (Helmut erinnert Jan regelmäßig am Montag oder Donnerstag beim Frühstück. Schon in der 3. Woche sagt Jan : „Ich weiß schon, das klappt ...")
- Geben Sie die unmittelbare Belohnung sofort, nachdem sich Ihr Teenager wie erwünscht verhalten hat. Wie negativ sich ein nicht gezahltes Gehalt auswirkt, wissen Sie wahrscheinlich selbst. (Das Puzzleteil wird sofort nach dem Abhören ausgegeben, sofern die Vokabeln korrekt gelernt waren.)
- Wenn Ihr Teenager das Ziel wiederholt erreicht, können Sie beginnen, den Punkteplan so zu verändern, dass statt an jedem Tag nur noch an jedem zweiten Tag eine Belohnung erfolgt, oder sogar erst nach einer Woche. (Jan lässt sich darauf ein und das Abhören der Vokabeln geschieht ab sofort nur noch alle zwei Wochen.)

Aller Anfang ist schwer. Der Punkteplan scheint auf den ersten Blick eine recht einfache Maßnahme zu sein. Doch es verlangt meist eine Umstellung fester Gewohnheiten nicht nur bei Ihrem Teenager, sondern auch bei Ihnen selbst, und ist deshalb oft anstrengender als zunächst vermutet. Vor allem ist es wichtig, dass Sie den Plan möglichst genau führen und dass die „Auszahlung" sofort erfolgt, wenn die Aufgabe erledigt ist.

Vielleicht haben Sie mit einem solchen Verfahren ein Problem. Sie sagen vielleicht: „Soll mein Teenager lernen, die selbstverständlichsten Verrichtungen im Haus nur noch ‚gegen Cash' zu tun?" Dieser Einwand ist verständlich. Es wäre wirklich schlimm, wenn der Teenager bei jeder Kleinigkeit die Hand aufhält und Entlohnung erwartet. Tatsächlich ist es wichtig, dass Eltern mit ihrem Teenager darüber sprechen, welche Dinge selbstverständlich zu den Aufgaben gehören, die jeder in die Gemeinschaft einbringt. Zum Beispiel wird in der Familie an jedem Wochenende als selbstverständliche Mitarbeit ohne Bezahlung 30 bis 45 Minuten abgesprochener Einsatz in Haus oder Garten erwartet.

Planvolles Verhalten hilft Ziele zu erreichen
Das *Ziel* der „Anschubfinanzierung" ist ein anderes. Der Jugendliche lernt: Ich kann durch mein planvolles Verhalten aktiv dazu beitragen, ein bestimmtes Ziel zu erreichen. Dies ist eine Grundkompetenz im Leben. Am Ende kann ich mir sagen: „So, das habe ich mir jetzt verdient. Ich habe mich eingebracht, etwas geleistet, auf ein Ziel zugearbeitet – und jetzt kann und darf ich die Früchte meines Bemühens genießen." Das ist übrigens ein Vorgang, den berufstätige Menschen durch die geleistete tägliche Arbeit und den am Ende des Monats zur Verfügung stehenden Lohn so erleben.

Diese Sicht ist für denjenigen Elternteil mühsam, der auf die Ausübung seines Berufes um der Aufgabe der Erziehung willen verzichtet. Natürlich sind das Gehalt oder die Belohnung nicht alles. Und doch gehören Prinzipien wie die „Anschubfinanzierung" zu den normalen Gegebenheiten im Leben. Sie gezielt einzusetzen, um erwünschtes Verhalten zu verstärken, hilft Ihrem Teenager, Zielstrebigkeit und Durchhaltevermögen zu trainieren.

Alexander wünscht sich ein teures Fahrrad zum Geburtstag. Inge ist der Meinung, dafür könnte der Sohn sich an Haushaltsarbeiten beteiligen. Sie vereinbaren, dass Alexander alle zwei Wochen den Rasen mäht, wöchentlich den Müll aus dem Haus in die Tonne trägt und das Auto jeden Samstag saugt und wäscht. Für jeden Einsatz erhält er einen Anteilsschein. Mit 30 Anteilsscheinen kann er das Fahrrad, das Mutter und Sohn gemeinsam beim Händler ausgesucht haben, erwerben.

Strategien zur eigenständigen Problemlösung vermitteln

Häufig beanspruchen Teenager Freiheiten, die signalisieren: Ich bin kein Kind mehr, ich kann allein entscheiden, ich bin schließlich fast erwachsen. Dieses Verhalten kann Eltern und Erzieher dazu verleiten, ihren Teenagern Aufgaben zu übertragen, die sehr anspruchsvoll sind und die Teenager leicht überfordern

können. Oftmals fehlt ihnen noch ein Weg zur Lösung. Daher ist es wichtig, dass Sie als Eltern oder Erzieher Ihre Tochter, Ihren Sohn unterstützen, indem Sie ihr/ihm – nicht die Lösung (!), aber – *Wege* zur Lösung von Problemen bewusst machen und aufzeigen.

Kommt Ihr Teenager auf Sie zu und fragt in einer bestimmten Frage nach Ihrem Rat, ist schon ein ganz entscheidender Schritt getan. Er ist ausreichend motiviert, das anstehende Problem zu bewältigen. Allerdings wissen oftmals auch die Eltern keine Antwort – gerade bei Schulaufgaben oder technischen Fragen. Dann ist es wichtig, dass Sie Ihren Teenager bei der Suche nach einem Lösungsweg unterstützen. Die Devise lautet: Geben Sie Hilfe zur Selbsthilfe!

Dabei kommt es nicht so sehr auf die Antworten an, die Sie geben können, sondern auf die Fragen, die Sie Ihrem Teenager stellen. Signalisieren Sie, dass Sie ihm zutrauen, der Lösung selbst auf die Spur zu kommen. „Was denkst du?" oder: „Was meinst du, wie könntest du dies herausfinden?" Versichern Sie sich, dass Ihr Teenager tut, was in seinen Möglichkeiten steht, um die Antwort zu finden. Wenn nötig, geben Sie Hilfestellung und geben Sie die Antwort, wenn er nicht weiterkommt.

Zur Lösung eines Problems haben sich die folgenden Schritte bewährt:
- Helfen Sie, das Problem zu klären und das Ziel festzulegen. Wie wird es sein, wenn du das Problem gelöst haben wirst?
- Überlegen Sie gemeinsam, welche Möglichkeiten es gibt, das Ziel zu erreichen.
- Bedenken Sie gemeinsam mögliche Konsequenzen der verschiedenen denkbaren Lösungen.
- Lassen Sie Ihren Teenager entscheiden, welche der denkbaren Möglichkeiten ihm am besten geeignet scheint, sein Ziel zu erreichen.
- Der gewählte Lösungsweg wird umgesetzt. Oft bewährt es sich, eine zweite Option (Plan B) bereit zu haben für den Fall, dass die erste Lösungsmöglichkeit nicht so funktioniert wie geplant.
- Wenn das Problem oder die Aufgabe bewältigt ist, sprechen Sie mit Ihrer Tochter oder Ihrem Sohn darüber. Wurde das angestrebte Ziel erreicht? Ist sie bzw. er mit dem gewählten Weg zufrieden? Auf jeden Fall ist es wichtig, dass Sie als Eltern oder Erzieher Kooperation und Erfolg loben.

Denken Sie daran: Ihr Teenager wird nicht viel über Problemlösung lernen, wenn Sie jedes Mal die Arbeit tun oder die Aufgabe für ihn lösen.

Carmen soll ab der 7. Klasse mit der Straßenbahn und dem Bus zur Schule fahren. Um von zu Hause zum Schulgebäude zu kommen, muss Carmen am Bahnhof umsteigen. Sonja entschließt sich, in den letzten drei Tagen der Sommerferien mit Carmen die Strecke zu fahren und ihr alles genau zu erklären. Dabei entdeckt Carmen, dass es zwei Buslinien zur Schule gibt, und notiert sich die Abfahrtszeiten vorn ins Hausaufgabenheft. In der zweiten Schulwoche besucht sie ihre beste Freundin in der Kreisstadt mit dem Zug. Sonja hat ihr den Tipp gegeben und sie hat selbstständig die Verbindung im Internet herausgefunden.

„Plan B": Carmen könnte für den Besuch in der Kreisstadt auch eine Nachbarin fragen, die immer wieder dorthin fährt. Da diese Nachbarin aber manchmal etwas „komisch" ist, wie Carmen meint, versucht sie es doch zunächst mit dem Zug. Sollte es aber mit dem Zug nicht so gut klappen (sie muss zusätzlich noch ein gutes Stück zu Fuß gehen, um zur Freundin zu kommen), will sie beim nächsten Mal auf „Plan B" zurückgreifen.

Jan will nach Abschluss der Schule den Mofaführerschein machen und ein Mofa kaufen. Er hat bisher erst die Hälfte des dafür notwendigen Geldes gespart, aber eine Ausbildungsstelle in Aussicht. Helmut rät ihm, in den „Gelben Seiten" nach einer geeigneten Fahrschule zu suchen und das Internet zu durchstöbern. Im Gespräch kommt Jan auf die Idee, Freunde zu fragen, die ihren Führerschein bereits gemacht haben. Helmut ermutigt ihn, in den verschiedenen Fahrschulen in der Stadt persönlich vorbeischauen und nach den Bedingungen und Kosten zu fragen.

Was die Finanzierung angeht, bietet Helmut nach Rücksprache mit Sonja an, dass die Eltern nach dem erfolgreichen Schulabschluss die Grundgebühr für den Führerschein übernehmen. Die Maschine könnte er zusammen mit Helmuts Freund, einem Verkaufsleiter bei einem Motorradhändler, aussuchen und sich dort beraten lassen. Außerdem könnte sich Jan im Internet einen Überblick über verschiedene Mopedangebote verschaffen.

Jan bittet seinen Vater, ob dieser nicht im Bekannten- und Freundeskreis sowie in seiner Firma nachfragen könne, ob jemand ein Mofa verkaufen will. Jan entwirft ein Schreiben für das Schwarze Brett der Firma seines Vaters und kommtdabei auf die Idee: „Ich könnte ja auch Onkel Andreas anrufen, ob er mir nicht sein altes Moped überlässt. Er hat ja eh eine neue Maschine." Zusätzlich hängt Jan beim nächsten Einkauf einen Zettel ans Informationsbrett des Supermarktes.

Nach einer Woche weiß Jan, wie viel der Führerschein kostet, hat die Empfehlung für eine Fahrschule erhalten und schon mit dem Fahrlehrer gesprochen. Der Onkel will tatsächlich sein Moped verkaufen und bietet Jan einen Spezialpreis an. Nun muss Jan nur noch überlegen, wie er die Maschine und die Fahrstunden finanziert. Helmut schlägt vor, ihm das Geld vorzustrecken, das er mit monatlichen Raten zurückzahlt, sobald er seine Ausbildung begonnen hat.

✐ **Übung 21: Problemlösung**

Überlegen Sie, vor welchem Problem Ihr Teenager gerade steht.

_____

_____

_____

_____

Wie sieht ein möglicher Lösungsweg aus?

_____

_____

_____

Wie lautet „Plan B"?

_____

_____

_____

Wie wäre es möglich, ihn selbst auf eine Lösung zu bringen?

_____

_____

_____

Kapitel 9: Werte, Überzeugungen, religiöse Orientierung

Es gehört zur Teenagerzeit, dass sich junge Menschen Wertvorstellungen, Vorbilder, Idole oder eigene Glaubensüberzeugungen suchen und aufbauen. Eltern stehen nicht vor der Frage, ob das gut ist oder nicht, ob dies geschehen soll oder nicht. Sie können nur entscheiden, ob sie dabei positiven Einfluss nehmen wollen oder nicht, ob sie das, was ihnen selber „heilig" ist, vermitteln können oder nicht. Werte und Überzeugungen gehören zur Ausbildung eigener Identität und zunehmender Mündigkeit.

Auch der Gesetzgeber hat hier klare Vorgaben gemacht: Mit 14 Jahren sind Kinder in Deutschland religionsmündig und können selbstständig entscheiden, welcher Konfession oder Religionsgemeinschaft sie angehören oder nicht angehören wollen.

Gerade Eltern, die selbst aus einer eigenen Glaubensüberzeugung oder Bindung an bestimmte Werte heraus leben, sind in dieser Frage oftmals sehr besorgt: Wird es gelingen, meinem Teenager das Fundament mitzugeben, das mein eigenes Leben trägt? Und wenn nicht – welchen Überzeugungen wird er dann folgen? Wird er ohne ein solches Fundament nicht vielleicht im Leben scheitern?

Wenn Teenager sich vehement gegen die Werte oder Überzeugungen ihrer Eltern stellen, löst das meist große Ängste in den Eltern aus. Verständlicherweise – denn hier ist eine Ebene berührt, von der her sich das eigene Selbstverständnis und der eigene Wert begründen. Wer meine Grundüberzeugung in Frage stellt, stellt Wesentliches meiner Person in Frage. Gerade weil es hier um „heiligste" Dinge geht, kann die Auseinandersetzung leicht eskalieren.

Wie können Eltern diesen Gefahren entgegenwirken und ihren Kindern ein überzeugendes Vorbild und einen Orientierungspunkt in Fragen nach Grundwerten des Lebens bieten?

Geben Sie Ihrem Kind das Recht auf eigene Überzeugungen

Bemühen Sie sich um Gelassenheit. Abgrenzung ist für den Teenager ein wichtiger Schritt auf dem Weg zu einer eigenen Identität. Und der notwendige Ablösungsprozess vollzieht sich häufig über die Ablehnung der Werte und Überzeugungen, die die Eltern repräsentieren.

Beachten und respektieren Sie diesen Entwicklungsschritt der Kinder und bleiben Sie Ihren Werten treu. Lassen Sie sich ruhig auch hinterfragen. Für Sie bietet das die Chance, sich Ihres eigenen Wertefundamentes bewusster zu werden. Sie müssen keinen „Kreuzzug" zur Durchsetzung Ihrer Werte führen. Teenager sind in Fragen der Weltanschauung, der religiösen und politischen Orientierung für die Eltern gleichwertige Partner. Geben Sie Ihrem Kind die Freiheit, zu Überzeugungen zu finden, hinter denen es aus eigenem Antrieb steht – nicht, weil Sie als Eltern eine bestimmte Haltung einfordern.

Eltern müssen jetzt zwei Dimensionen unterscheiden, die in der Begleitung ihrer heranwachsenden Kinder zu trennen sind:

● Auf der einen Seite steht der bleibende Erziehungsauftrag. Sie sind bis zum 18. Lebensjahr weiterhin „Erziehungsberechtigte".

● Auf der anderen Seite besteht in Fragen der inneren Überzeugung eine sogar gesetzlich garantierte Mündigkeit. Helfen Sie Ihrem Kind, diese Mündigkeit innerlich auszufüllen, indem Sie es dabei unterstützen, eigene Positionen zu finden und begründet zu vertreten.

Werden diese beiden Ebenen vermischt, gibt es oft Konflikte. Diese können sich an der Frage entzünden, ob die Tochter oder der Sohn noch mit zu den Veranstaltungen kommt, die den Eltern wichtig sind, etwa ein geselliges Familienfest im Verein oder der Sonntagsgottesdienst. Jede Ausübung von Druck erleben Teenager als unangemessene Bevormundung, die sie als Person mit zunehmend eigenen Überzeugungen nicht ernst nimmt.

Übergehen Eltern diese Spannung und bestehen darauf, dass der Teenager weiterhin die Aktivitäten und Überzeugungen teilt, die ihnen selbst wichtig sind, dann verbindet sich das, was den Eltern „heilig" ist, bei den Teenagern mit negativen Gefühlen und Abneigung. Das kann dazu führen, dass Kinder jede Gelegenheit nützen, sich aus der Normwelt der Eltern zu verabschieden und eigene Wege zu gehen.

Teenager suchen im Verlauf ihrer Werteentwicklung glaubwürdige Orientierungspunkte außerhalb der Familie. Hier ist der Kontakt zu anderen Familien, Gruppen und Kreisen, vor allem aber zu jugendgemäßen Angeboten, die die Wertorientierung der Eltern repräsentieren, sehr wichtig.

Wenn Ihnen als Eltern der christliche Glaube etwas bedeutet, dann überprüfen Sie auch, wie Sie von jugendgemäßen Formen des Glaubens sprechen. Wehren Sie nicht gleich die Art der Musik, den Umgangston, die Ausdrucksformen jugendlichen Glaubens ab. Sicher ist vieles davon (vermutlich) nicht Ihr Stil. Aber es ist das Vorrecht von religionsmündigen Teenagern, in aller Freiheit auch eigene Wege für sich zu entdecken und zu experimentieren.

Von Ihnen als Eltern sind in dieser Phase viel Liebe, Geduld und ein weites Herz gefordert. Und ein großes Stück Vertrauen: Vertrauen darauf, dass Ihr Sohn, Ihre Tochter den eigenen Weg finden wird.

Bleiben Sie im Gespräch

Das Nachdenken darüber, welche Überzeugungen Ihr Leben als Erwachsener tragen und welche Werte Ihre Handlungen bestimmen, die Frage nach den eigenen Normen und Werten ist bedeutsam. Jeder Mensch hat eine Wertorientierung. Ihr Teenager spürt, was Ihnen wirklich wichtig ist und was für Sie grundlegende Bedeutung hat. Ob dies die Pflege von Familienbeziehungen ist, politische Überzeugungen, soziale Orientierungen oder Freizeitengagements – machen Sie dies zum Thema, in aller Freiheit. Geben Sie einander bei passender Gelegenheit Anteil an dem, was Sie denken, glauben und für wichtig halten.

Lassen Sie die Fragen Ihres Teenagers zu – auch wenn das vielleicht Ängste auslöst. Denken Sie daran: Die Augenfarbe kann man vererben – persönliche Überzeugungen nicht. Die muss jeder für sich selbst erwerben.

Eine Möglichkeit, wie Sie mit Ihrem Teenager auch über heikle Themen ins Gespräch kommen können, ist das in Kapitel 1 beschriebene Quiz (s. oben, S. 35)

Einige Gesprächsbeispiele:

Sonja: „Anika, du hast mir doch gestern gesagt, du besuchst deine Freundin Elvira und lernst mit ihr zu Hause für die schwere Englischarbeit."

Anika: „Ja, und?"

Sonja: „Ich habe zufällig ihre Mutter beim Einkaufen getroffen. Die hat mir gesagt, dass Elvira gestern mit ihrem Freund und dir zusammen in der neuen Dorfdisco war …"

Anika (wird leicht rot): „Ja, das war aber erst viel später. Lange nach dem Lernen …"

Sonja: „Aber Anika. Ich habe ein Plakat gesehen, auf dem stand, dass die Disco schon um 17 Uhr aufgemacht hat. Du bist doch von uns erst um Viertel vor fünf losgegangen. Habt ihr wirklich miteinander gelernt?"

Anika (muss schlucken): „Na ja, also …"

Sonja: „Du weißt, wie wichtig uns ist, dass wir ehrlich miteinander umgehen. Ich möchte mich gerne auf dich verlassen können. Bitte sage mir doch beim nächsten Mal, wenn du vorhast, in die Disco zu gehen. Dann können wir darüber reden und finden sicher eine gute Lösung, ohne dass du lügen musst."

Als Anika heimkommt, ruft die beste Freundin ihrer Mutter an. Sonja will aber gerade einkaufen gehen. Anika weigert sich, ihre Mutter zu verleugnen, und mutet ihr das Gespräch zu. Zwei Tage zuvor haben die beiden ja bereits darüber gesprochen, wie wichtig es ist, ehrlich zu sein.

Helmut: „Anika, ich möchte mit dir über deine Beziehung zu Michael reden."

Anika: „Ja, ist da etwas nicht in Ordnung?"

Helmut: „Ganz im Gegenteil, ich finde, der Michael ist ein netter Kerl. Mir gefällt auch, dass ihr gemeinsam in den Jugendclub geht und ihr im Gottesdienst-Team zusammen seid. Ich kann gut verstehen, dass du ihn magst und gerne möchtest, dass er bei uns übernachtet."

Anika: „Gell, Michael ist klasse …"

Helmut: „Ja, das ist er wirklich. Ich habe von Mama gehört, dass du dir wünschst, dass er am Wochenende bei dir im Zimmer übernachtet."

Anika: „Das wäre toll. Darf er?"

Helmut: „Du, Anika, ich bin ganz dafür, dass er zu uns kommt. Aber ich möchte, dass Michael im Zimmer von Jan übernachtet."

Anika: „Das ist aber langweilig, wir haben doch so viel zu quatschen. Das geht dann sicher nicht …"

Helmut: „Du bist enttäuscht. Das verstehe ich. Aber mir ist wichtig, dass Michael und du wirklich gute Freunde bleiben. Ich hoffe so sehr, dass du daran denkst und dir diese Grenze auch setzt. Ihr bewahrt euch dann etwas Schönes und Wertvolles für die Zeit, in der ihr das wirklich genießen könnt. Natürlich weiß ich, dass ich es letztlich nicht verhindern kann. Ich hoffe nur, du verstehst mich. Und wenn Michael in Jans Zimmer schläft, dann ist das ein Zeichen dafür, dass dir meine Meinung wichtig ist."

Anika: „Du siehst das viel zu eng. Da passiert doch nichts. Aber wenn dir das wirklich sooo wichtig ist, akzeptiere ich das zunächst. Vielleicht können wir später nochmal darüber reden."

✎ **Übung 22: Grundüberzeugungen**

Welche Werte und politischen, religiösen oder sonstigen Überzeugungen sind Ihnen wichtig?

_____

_____

_____

Wo und wie kommen Sie mit Ihrem Teenager partnerschaftlich über Fragen der persönlichen Wertorientierung, über Politik, Religion oder Ethik ins Gespräch?

_____

_____

_____

Welche Themen konnten Sie schon ansprechen?

_____

_____

_____

Bleiben Sie echt und stehen Sie zu eigenen Zweifeln

Teenager fordern Sie als Eltern heraus, sich über Ihre eigenen Wertvorstellungen, Grundüberzeugungen und Glaubensgrundsätze klar zu werden. Sollten Sie selbst keine Antworten auf manche Lebenssituation oder Lebensfrage wissen, stehen Sie dazu. Je glaubwürdiger auch ein Nichtwissen oder ein Zweifel mitgeteilt wird, desto eher bleiben Sie für Ihren Teenager mit Ihren Werten oder Ihrem Glauben ein Vorbild.

Wo es möglich ist, lassen Sie Ihren Teenager an den Formen Ihres sozialen Engagements oder Ihres praktizierten Glaubens teilhaben und sprechen Sie mit ihm darüber, warum Sie dies tun.

Jan zu seinem Vater: „Ich verstehe nicht, warum es dir wichtig ist, immer wieder in der Bibel zu lesen. Ich finde das total langweilig."

Helmut: „Früher habe ich das auch nicht verstanden. Aber als ich nach meiner Operation so lange im Krankenhaus war, entdeckte ich dort, dass diese Worte tatsächlich etwas mit meinem Leben und unserer Familie zu tun haben."

Jan : „Wieso?"

Helmut: „Stell dir vor, dort steht, dass ich als Vater auch für dich da sein soll, dass ich dich lieb haben soll und vor allem, dass ich mit dir so umgehen soll, dass du dich wegen mir nicht ärgern musst."

Jan (etwas ungläubig und erstaunt): „Das wäre ja schön!"

Helmut: „Du hast Recht. So richtig bekomme ich das noch nicht hin. Aber ich bin am Lernen. Sage es mir, wenn ich darin ein bisschen besser geworden bin. Sonst kannst du mich gerne daran erinnern."

Selbst wenn Sie in Ihren eigenen Glaubensvorstellungen unsicher sind – erst wenn Sie mit Ihrem Teenager konkret hierüber sprechen und selbst einen Standpunkt einnehmen, bieten Sie ihm eine Chance, Ihre Werte und Einstellungen bewusst aufzunehmen. Er kann sie dann hinterfragen und eigene Wertvorstellungen entwickeln oder er kann sie annehmen, dann aber aus eigener Entscheidung.

Noch ein wichtiger Punkt: Respektieren Sie es, wenn Ihr Teenager zum gegenwärtigen Zeitpunkt Ihre Überzeugungen, Ihr Wertsystem oder Ihren Glauben oder Glaubensstil nicht übernimmt. Sie behalten jedoch immer das Recht, für Ihre Überzeugungen zu werben. Zeigen Sie Ihren Kindern im alltäglichen Umgang, woran Sie selbst sich orientieren. Leben Sie Ihre Normen und Werte und vertagen Sie diese Themen nicht auf besondere Anlässe wie Katastrophen der Weltgeschichte, den Abend vor der Konfirmation oder auf den Sonntagvormittag.

Jetzt wird's konkret: Schritte zur Umsetzung

Führen Sie als Elternpaar eine „Erziehungskonferenz" durch, an denen die Kinder nicht teilnehmen. Das Ziel ist, miteinander über die Themen in Teil II ins Gespräch zu kommen. Nehmen Sie sich dazu mindestens eine halbe Stunde Zeit und sorgen Sie dafür, dass Sie ungestört reden können.

Suchen Sie zwei „Bausteine" aus, mit denen Sie in der nächsten Woche die Beziehung zu Ihrem Teenager verbessern wollen.

Baustein 1:

_____

Baustein 2:

_____

Bereiten Sie eine „Anschubfinanzierung" für einen bestimmten Entwicklungsschritt vor, die Sie mit Ihrem Teenager diskutieren und dann angehen wollen.

_____

_____

_____

Was mir sonst noch wichtig ist:

_____

_____

_____

Teil III: Umgang mit problematischem Verhalten

Was Sie in dieser Einheit erwartet

Sie wollen Ihren Teenager in bestimmten Bereichen zu einer Verhaltensänderung bewegen? Sie möchten Strategien erwerben, wie Sie auf problematisches Verhalten angemessen und sinnvoll reagieren können? In diesem Kapitel stellen wir Ihnen einige Hilfsmittel vor, die Sie bei der Lösung von Konfliktsituationen unterstützen.

Handeln Sie tragfähige „soziale Verträge" aus

Hier geht es um einen Weg zu verbindlichen Absprachen und Regeln, die das Zusammenleben aller in der Familie erleichtern.

Führen Sie Familienkonferenzen durch

Teambesprechungen, Meetings, Vereinssitzungen. In vielen Bereichen setzen sich Menschen zusammen, um Fragen zu klären, sich abzusprechen, Pläne zu schmieden, Ideen zu sammeln, Lösungen zu finden und neue Wege zu gehen. Und in der Familie? Manchmal hoffen wir, dass es irgendwie klappt. Und vieles funktioniert ja auch. Aber Sie können das Miteinander optimieren, indem Sie mutig Familienkonferenzen durchführen.

Beachten Sie positive Erziehungsstrategien im Umgang mit Problemverhalten

Sollten Sie all diese Möglichkeiten noch nie genutzt haben – keine Sorge, Sie können diese Strategien erlernen. Grundlage für dieses Miteinander auch in Problemsituationen ist die positive Beziehung (siehe Teil II).

Lernen Sie, mit den Launen Ihres Teenagers zu leben

Wenn Teenager von ihren Gefühlen beherrscht werden, können sie ihre Eltern und Erzieher damit massiv überfordern. Um dennoch miteinander weiter zu kommen, können die Erwachsenen mit Verständnis die Beziehung halten und dabei überraschende Erfahrungen machen.

Kapitel 10: Tragfähige „soziale Verträge" aushandeln

Der Begriff „sozialer Vertrag"[1] beschreibt den Vorgang, dass zwei Menschen miteinander eine Verabredung aushandeln, in der Partner sich auf einen gemeinsamen Weg und auf gemeinsame Absprachen einlassen können. Gegenstand des Vertrages ist in der Regel eine Situation, in der zunächst beide Seiten unterschiedliche Interessen vertreten. Der Vertrag dient dazu, diese Interessen so auszugleichen, dass Konfliktstoff aus der Beziehung der Vertragspartner herausgenommen wird. Beide sind aufgrund der entstandenen Beziehung motiviert, sich an die Vorgaben des ausgehandelten Vertrages zu halten. Meistens ist es gut, diesen Vertrag in Schriftform abzuschließen. Dies gibt Sicherheit auf beiden Seiten.

Helmut ärgert sich immer wieder, dass nicht genügend Getränke im Kühlschrank sind und dass er in den Kinderzimmern – besonders bei Anika – sowie in der Küche leere Flaschen herumstehen sieht. Sonja ist der Meinung, dass jeder, der eine Flasche genommen hat, diese auch wieder selber zurückräumen sollte. Helmut will das grundsätzlich geklärt wissen. Im Rahmen einer kurzen Besprechung in der Familienkonferenz und dann konkret in einem Vertrag mit Anika und Jan findet der Konflikt ein Ende. Siehe dazu S. 105.

Welche Vorteile bietet der Vertrag?

Neues Verhalten braucht gute Motivation. Gerade wenn ein neues Verhalten erlernt werden soll, braucht Ihr Teenager eine gute Motivation dafür, bis das neue Verhalten zur Gewohnheit geworden und damit fest verankert ist. Normalerweise dauert ein solcher Prozess mehrere Wochen. Man muss „dranbleiben", die Aufmerksamkeit für die Aufgabe muss wach gehalten und das neue Verhalten muss immer wieder bewusst gemacht werden. Hier hilft der soziale Vertrag.

Die Laufzeit von sozialen Verträgen reicht von drei Wochen bis sechs Monaten oder einem Jahr. Sobald das neue Verhalten eingeübt und damit erlernt wurde, ist der Vertrag erfüllt. Der Teenager hat das Ziel erreicht und verhält sich automatisch so wie abgesprochen. Dann kann die Belohnung auf freiwilliger Basis bei besonderer Leistung erfolgen, ist aber keine Finanzierung von erwünschtem Verhalten mehr.

Leistung anerkennen. Wichtig ist, dass es für Ihren Teenager einen Vorteil bedeutet, wenn er den ausgehandelten Vertrag einhält. Dieser Vorteil kann in einem von Herzen kommenden Dankeschön liegen oder – bei größeren und schwierigeren Lernprozessen – in einer Belohnung. Ihr Teenager muss sich darauf verlassen können, dass die vereinbarte Belohnung auch gewährt wird (vgl. dazu auch unter „Anschubfinanzierung", S. 83f.). Die Belohnung vermittelt Ihrem Teenager das Gefühl, dass er etwas erreicht hat und seine Leistung anerkannt wird.

Sich gegenseitig ernst nehmen und respektieren. Verträge sind das Ergebnis von Verhandlungen. Das anzuerkennen mag Ihnen als Eltern oder Erzieher vielleicht schwer fallen. Denn es besteht natürlich beim Aushandeln des sozialen Vertrages die Möglichkeit, dass Sie als Eltern Ihren Willen nicht zu 100 Prozent durchsetzen können. Darüber sollten Sie sich als Erwachsene im Klaren sein und sich auch damit auseinander setzen, welche Gefühle das in Ihnen auslöst. Fühlen Sie sich in Ihrer elterlichen Autorität bedroht? Oder können Sie Ihrem Teenager das Vertrauen entgegenbringen, dass er oder sie gute und verantwortliche Entscheidungen treffen wird? Sicher haben Sie schon überschaubare Verträge ausgehandelt, als Ihr Kind noch jünger war – beispielsweise Regeln, wer wann beim Abwasch hilft.

Es gehört zu den Veränderungen, die das Erwachsenwerden der Kinder mit sich bringt, dass Eltern und Teenager lernen, sich immer mehr als gleichrangige Partner zu verstehen und dies wertschätzend miteinander einzuüben. Denken Sie daran: Ihr Teenager kann nur dann lernen, für sich selbst verantwortlich zu handeln, wenn Sie ihm auch die Gelegenheit geben, eigene Lösungen in schwierigen Situationen zu finden. Nehmen Sie also die Position Ihres Teenagers in „Vertragsverhandlungen" ernst. Sie dürfen davon ausgehen, dass Ihr Teenager seine Verhandlungsposition nicht ausnützt. Er wird an die Grenze gehen und feilschen. Aber er wird auch Ihre Bedürfnisse wahrnehmen und respektieren lernen, wenn er spürt, dass Sie auch seine ernst nehmen.

Verträge sind ideale Lernfelder, sich selbst und den anderen ernst zu nehmen. Vielleicht fragen Sie sich, ob es sinnvoll ist, wenn Ihr Teenager für ein neues Verhalten, das aus Ihrer Sicht eigentlich selbstverständlich ist, auch noch eine Belohnung erhalten soll. Das Problem ist: Ohne dieses Aushandeln werden die unerwünschten Verhaltensweisen wie Aggressivität, ständiges Nörgeln oder patziger Tonfall höchst wahrscheinlich weiter das Miteinander bestimmen. Denn jetzt, wo Ihr Kind älter wird, helfen kaum noch Überredungskünste, die das kleine Kind noch beeindrucken konnten. Der Teenager reagiert darauf in der Regel nicht mehr. Er will ernst genommen werden. Und das geschieht, indem er seine Interessen in den Vertrag mit einbringen kann. Verträge sind ideale Lernfelder für ein gutes soziales Verhalten im Miteinander in der Familie und auf dem Weg zum mündigen und selbstständigen Erwachsenen.

Verträge lohnen sich – für beide Seiten. Gute Verträge stärken Ihre Position als Eltern. Stellen Sie sich vor, Ihr Teenager würde sich Ihrem Einfluss grundsätzlich verweigern und seine eigenen Wege gehen. Er würde Sie und Ihre ganze Familie an die Grenzen des Erträglichen führen. Dann bietet der Vertrag eine realistische

Möglichkeit, Ihrem Teenager zu signalisieren: Wir erkennen es an, wenn du dich um ein anderes Verhalten bemühst. Auf diesem Wege gewinnen Sie als Eltern wieder Einfluss auf ihren Teenager zurück.

Was wären die Alternativen? Nachgeben, den Teenager gewähren lassen und geforderte Aufgaben selbst erledigen? Dies ist möglich. Aber es verhindert, dass Ihr Teenager die Fertigkeiten erlernt, die er als selbstständiger Erwachsener brauchen wird. Und darin liegt der Vorteil für Ihren Teenager: Er hat nicht nur die Chance, sich etwas für ihn Lohnendes zu erarbeiten. Er erfährt zudem durch den Vertrag eine Unterstützung dabei, einen Lern- und Entwicklungsschritt zu machen.

Wie finden Sie mit Ihrem Teenager zu einem für beide akzeptablen guten Vertrag?

Die Umsetzung eines Vertrages erfolgt in *vier Phasen*[2]:
Phase I: Klären, was ist, und klären, was werden soll
Phase II: Verhandeln des Vertrages
Phase III: Vertrag schriftlich formulieren und in Kraft setzen
Phase IV: Vertragstreue kontrollieren und den Vertrag bei Bedarf korrigieren

Diese vier Phasen gliedern sich wiederum in einzelne Schritte.[3] Nicht immer muss oder kann man alle Schritte einhalten. Wählen Sie die Schritte aus, die in Ihrem Fall entscheidend sind. Beispielsweise bietet es sich an, bei mehreren Kindern die Vertragsinhalte demokratisch abstimmen zu lassen.

● *Beschreiben Sie das Zielverhalten eindeutig und detailliert.*
Die Probleme an dieser Stelle liegen oft im Detail. Beispielsweise gibt es einen ganz anderen Klang, je nachdem, ob Sie positiv oder negativ formulieren.
Negativ: Jan soll nicht länger vergessen, den Mülleimer auf die Straße zu stellen.
Positiv: Jan soll selbst daran denken, alle 14 Tage rechtzeitig den Mülleimer zur Entleerung durch die Müllabfuhr an die Straße zu stellen.

● *Klären Sie, wann das Zielverhalten erreicht ist.*
Verträge haben eine befristete Laufzeit. Achten Sie darauf, dass Sie realistische Zeitspannen für die Erfüllung des Vertrages angeben.
Beispiel: Wenn Jan fünf Mal hintereinander ohne Erinnerung den Mülleimer auf die Straße gebracht hat, gilt der Vertrag als erfüllt. Alles hat auch einmal ein Ende – auch ein solcher Vertrag zwischen Eltern und Teenager.
Klar ist, dass der Mülleimer auch zukünftig hinausgebracht werden muss. Jan

hat signalisiert, dass er dieses Amt auch ohne Belohnung beibehalten will. Sollte er es nicht mehr weiterführen wollen, wird dies in der Familienkonferenz besprochen und möglicherweise neu aufgeteilt.

● *Legen Sie positive Konsequenzen (Belohnungen) bei Vertrags-Erfüllung fest.*
Die Erfüllung des Vertrages muss sich für den Teenager lohnen. Oft hat Ihr Sohn, Ihre Tochter konkrete Vorstellungen darüber, wie solche – kleineren und größeren – positiven Konsequenzen aussehen könnten. Achten Sie darauf, dass die Konsequenzen, auf die Sie sich einigen, angemessen sind, und besprechen Sie auch dies während der „Vertragsverhandlungen".

Beispiel: Die Vereinbarung könnte lauten: Wenn Jan es zum ersten Mal ohne Erinnerung geschafft hat, den Mülleimer hinauszubringen, erhält er eine erste Belohnung (einen symbolischen Anteil) für ein neues PC-Spiel, das er sich sehr wünscht. Dies geschieht jedes Mal, wenn er das Teilziel erreicht hat. Zehn Belohnungen (oder auch Anteile) braucht er insgesamt. Dann ist das Spiel fällig.

Belohnungen können auch anders aussehen: ein gemeinsamer Besuch im Kino oder im Fußballstadion. Hören Sie offen und aufmerksam darauf, was Ihr Teenager als Belohnung vorschlägt. Manchmal hilft auch die Aufstellung einer Hitliste von Belohnungen.

● *Legen Sie die negativen Konsequenzen bei Nichterfüllung des Vertrages fest.*
Für den Fall, dass eine Partei den Vertrag nicht einhält, sollen negative Konsequenzen (auch Strafen genannt) vereinbart werden. Auch diese negativen Konsequenzen sollen zwischen den Vertragspartnern verhandelt werden. Meist haben die Teenager selbst gute Ideen. Natürlich pokern sie zuerst: „Eine halbe Stunde Fernsehverzicht." Das ist viel zu einfach und zu wenig. Machen Sie sich aber die Mühe, mit Ihren Teenagern gemeinsam realistische und angemessene Konsequenzen auszuhandeln – für beide Seiten.

Beispiel: Für den Fall, dass Jan aus dem Vertrag aussteigt, schlägt er selbst eine komplette Woche TV-, Computer- und sonstigen Medienverzicht (kein Chatten, keine E-Mails) vor. Das täte richtig weh. Die Eltern spüren, dass er diese Konsequenz auf jeden Fall verhindern will. – Und die Eltern? Verweigern sie aus einem anderen Konflikt heraus den verdienten Anteilsschein, wird das begehrte PC-Spiel sofort fällig. Dieser Regelung stimmen schließlich alle zu.

● *Achten Sie auf die Ausgeglichenheit der Vertragsbedingungen für alle Beteiligten.*
Wenn Ihr Teenager den Eindruck gewinnt, alles läuft wieder einmal darauf hinaus, dass er der „Dumme" in der Familie ist, oder wenn Sie als Eltern den Eindruck

gewinnen, Ihr Teenager ist nur missgelaunt dabei, dann wird der Vertrag nicht funktionieren. In diesen Fällen ist es wichtig, die Ursache der Unzufriedenheit zur Sprache zu bringen (am besten in einer Familienkonferenz). In manchen Fällen muss der Vertrag angepasst und verändert werden.

Beispiel: Wenn Jan das Gefühl hätte, dass nur er sich in die Hausarbeiten einbringen müsste, Anika als Papas Liebling aber nicht oder nur kaum, würde der Vertrag nicht funktionieren. Dieses Thema müsste dann von den Beteiligten geklärt und in die Familienkonferenz eingebracht werden.

- *Schließen Sie eine Bonusklausel in den Vertrag mit ein.*

Manchmal kommt es vor, dass der Teenager viel früher als vereinbart fertig wird, die Aufgabe besser erledigt ist als besprochen oder zusätzlich etwas erreicht wurde, was über die Minimalanforderung hinausging. Für solche Fälle ist es gut, die Möglichkeit eines Bonus einzuplanen.

Beispiel: Wenn Jan beispielsweise nicht nur, ohne erinnert zu werden, den Mülleimer hinausstellt, sondern unabhängig davon auch noch das Altpapier entsorgt, kann er sich zusätzlich einen anderen Anteil auf ein noch größeres Projekt oder die Lieblingsspeise aus Mamas Küche verdienen.

Oder: Erreicht Jan auf Anhieb das Ziel, diese Aufgabe fünf Mal hintereinander ohne Erinnerung zu erledigen, fallen ihm fünf Anteile als Bonus (macht zusammen 10) zu.

- *Klären Sie miteinander, woran Sie festmachen, dass das Zielverhalten erreicht wurde.*

Ziele müssen eindeutig und messbar sein. Beschreiben Sie daher die Bedingungen, die gelten müssen, damit ein Ziel erreicht ist, genau.

Beispiel: Im Falle von Jan ist der Maßstab bereits definiert: Fünf Mal den Mülleimer an die Straße bringen, ohne von Mama oder Papa erinnert zu werden.

Nun gibt es aber auch andere Beispiele: etwa das Aufräumen. Nach welchen Kriterien ist in den Augen von Jan das Zimmer wirklich aufgeräumt? Und wann in den Augen seiner Eltern? Er geht davon aus: Schuhe aus dem Zimmer geschafft, Wäsche vom Boden entfernt, Schulhefte auf dem Schreibtisch – aufgeräumt! Doch seine Mutter sieht es anders. Erst wenn er auch gesaugt, den Staub von den Regalen gewischt und die saubere Wäsche in den Schrank eingeräumt hat: Dann ist aus ihrer Sicht das Ziel erreicht.

Sie merken: Wenn diese Fragen nicht an einem gemeinsam entwickelten Maßstab gemessen werden, gibt es schnell Missverständnisse, die die Erfüllung des Vertrages verhindern können.

Sonja: „Nur dass es klar ist: Aufgeräumt heißt für mich auch Staubsaugen, den Staub von den Regalen wischen und die saubere Wäsche in den Schrank legen."

Jan leicht sauer: „Das darf doch nicht wahr sein. Ich will doch mein Zimmer nicht renovieren!"

Sonja zunächst unerschütterlich: „Du kannst machen was du willst. Aufräumen schließt alles mit ein, auch putzen."

Jan hat eine Idee: „Könnten wir dann Putzen und Aufräumen unterscheiden? Ich räume auf wie besprochen – jede Woche immer am Freitag. Aber Putzen will ich nur jede zweite Woche."

Sonja lässt sich auf den Kompromiss ein, auch wenn es ihr schwer fällt: „Also gut. Alle 14 Tage putzen. Aufräumen, das heißt Schuhe aus dem Zimmer ins Schuhregal, Wäsche vom Boden entfernt, Schulhefte auf dem Schreibtisch, in der Schultasche oder in den Ablagefächern."

Noch während sie spricht, fällt ihr aber ein weiterer Punkt ein, den sie unbedingt geregelt wissen will: „Wäre es dann aber möglich, dass du auch die saubere Wäsche in den Schrank räumst? Das wäre super und ich glaube, so könnte ich mit dieser Regelung gut leben."

Dies klingt in Jans Ohren versöhnlich und nimmt den Druck weg: „Okay, dann gehört die saubere Wäsche dazu."

Sonja und Jan sind zufrieden. Sie halten die Regel schriftlich fest.

● *Regeln Sie Vertrags-Dauer und Art, wie die Belohnung bei Vertragserfüllung erfolgt.* Bei Jans Vertrag im Blick auf den Mülleimer ist das Ende definiert: Der Vertrag ist erfüllt, wenn er fünf Mal ohne Erinnerung den Mülleimer auf die Straße getragen hat. Vertrag erfüllt bedeutet: Vertrag beendet. Noch nicht geklärt ist die Frage, was passiert, wenn Jan einmal den Mülleimer von selbst hinausbringt und einmal nur durch Erinnerung. Was dann? Dies könnte man so regeln:

Beispiel: Für jedes Hinaustragen ohne Erinnerung gibt es wie versprochen den Anteil auf das neue PC-Spiel. Dieser Anteil wird sofort ausgehändigt, sobald Jan meldet, dass er den Mülleimer an die Straße gestellt hat. Muss Jan erinnert werden, gibt es keinen Anteil. Ist nach zehn Wochen abzusehen, dass Jan das Hinausbringen immer wieder vergisst, ist es nötig, sich erneut zusammenzusetzen. Dies wird schon jetzt in den Vertrag aufgenommen. In diesem erneuten Gespräch muss geklärt werden, woran es liegen könnte, dass es nicht klappt und welche Hilfen Jan vielleicht zusätzlich noch benötigt.

Nun hat es Jan aber geschafft. Wie kommt er zu seinem PC-Spiel? Eine Vertragsbestimmung muss diesen Punkt beinhalten. Angenommen, Jan hat den Mülleimer zum fünften Mal ohne Erinnerung hinausgestellt. Er sagt dies seinen Eltern und bittet um die letzten Anteile. Aber die Eltern halten jetzt nicht Wort oder verschleppen die Anschaffung. Das ist enttäuschend für Jan. Der positive Effekt des „sozialen Vertrags" kann schnell verpuffen.

Daher: Legen Sie schon bei Vertragsbeginn fest, wie und wann die ausgehandelte Belohnung zugeteilt wird. Beispielsweise so: Wenn Jan die Bedingung erfüllt, geben ihm seine Eltern sofort den nötigen Bargeldbetrag.

● *Fassen Sie den Vertrag schriftlich ab.*

Vielleicht denken Sie: Ehrenwort ist Ehrensache. Doch Vorsicht: Schnell verwischen sich Erinnerungen über getroffene Absprachen. Oder unausgesprochene Gedanken drängen sich in den Vordergrund, die vom anderen als „nicht vereinbart" abgelehnt werden. Dies alles schafft Unsicherheit und kann zu Konflikten führen. Daher ist die schriftliche Form so wichtig und gibt Sicherheit auf beiden Seiten.

Der Vertrag darf Tipp- oder Schreibfehler beinhalten. Er muss nicht lang sein (höchstens eine Seite). Er muss nicht alles bis ins Kleinste regeln. Gewähren Sie Vertrauensvorschuss. Denken Sie dabei immer daran, dass Ihr Teenager im Grunde nichts gegen Sie im Schilde führt. Vielmehr wollen Sie ihm durch den Vertragsschluss helfen, wichtige Fähigkeiten zu erlernen, die er für ein glückliches und selbst verantwortetes Leben braucht.

Vergessen Sie Datum, Ort und die Unterschriften nicht. Dies alles wertet den Teenager auf und zeigt ihm, dass Sie ihn sehr ernst nehmen.

Was tun im Konfliktfall?

Nun kann es bei bester Absicht auf beiden Seiten dazu kommen, dass es Missverständnisse gibt, Vertragsverletzungen oder sonstige Schwierigkeiten. Dann sollten Sie schon im Vertrag klären, wie Sie diese miteinander ausräumen wollen.

Hier eignet sich das Gespräch mit der ganzen Familie. Also nicht nur zwischen den Eltern und dem einzelnen Teenager. In der Familienkonferenz bringen auch die anderen Geschwister ihre Sicht zum anstehenden Problem ein und können Rückmeldungen geben. Denkbar ist auch, dass der Teenager einen nahen Verwandten, der regelmäßig zu Besuch kommt oder in der Nähe wohnt, oder eine andere befreundete Familie benennen kann, die er oder die Sie als Eltern zur Klärung eines Konfliktes hinzuziehen können.

✐ **Übung 23: Sozialer Vertrag**

Beschreiben Sie eine erwünschte Verhaltensänderung Ihres Teenagers so konkret
wie möglich (vgl. etwa die Tabelle der möglichen Ziele für Ihren Teenager
S. 45, 63).

_____

_____

_____

_____

Was ist Ihre Erwartung im Blick auf dieses Verhalten?

Maximal:

_____

_____

Minimal:

_____

_____

Welche Belohnungen empfinden Sie als angemessen?

_____

_____

_____

Mit welcher Belohnungsforderung seitens Ihres Teenagers rechnen Sie?

_____

_____

_____

Vertragsbeispiel „Getränke" zwischen Anika und ihren Eltern

Beginn: Montag, 17. Juni
Ende: Nach Abschluss der Maßnahme in 10 Wochen. Spätestens aber am 30. September.
Aufgabe: Anika hat ab sofort die Verantwortung dafür, dass stets genügend Getränke gelagert, das Leergut in die Getränkekisten eingeräumt und diese bis Freitag früh, 7.30 Uhr vor die Haustür gestellt werden, damit sie der Getränkehändler austauschen kann. Die vollen Kisten stellt der Händler in den Flur. Anika hat freitags nach der Schule die Aufgabe, diese bis 13.30 Uhr ins Getränkelager im Keller zu bringen und den kleinen Vorrat in der Küche und im Kühlschrank aufzufüllen.
Ziel: Anika soll lernen, Verantwortung zu übernehmen.
Belohnung: Hat es Anika geschafft, den ganzen Vorgang erfolgreich abzuschließen, erhält sie einen Punkt. Bei 10 Punkten erhält sie einen Zuschuss in Höhe von 50 Euro für Kleidung. Die vereinbarte Belohnung wird durch Vater Helmut sofort ausbezahlt.

Bedingungen: Der ganze Punkt wird gewährt, wenn Anika die Aufgabe selbstständig erledigt hat. Muss Anika einmal erinnert werden, gibt es im Zeitraum der ersten 5 Wochen nur einen halben Punkt. Danach und wenn Anika innerhalb der ersten 5 Wochen zwei Mal oder öfter erinnert werden muss, gibt es keinen Punkt. Sollte Anika nicht nur Getränkekisten versorgen, sondern zusätzlich auch andere Aufgaben in diesem Zusammenhang wie Putzen des Getränkelagers oder regelmäßiges Entsorgen des Altpapiers erledigen, kann sie sich nach Rücksprache mit ihren Eltern einen weiteren Punkt verdienen. Alle erreichten Punkte werden in die Punkteliste eingetragen (in der Küche).
Konsequenz: Muss Anika über die 5. Woche hinaus an ihre übernommene Aufgabe erinnert werden oder bricht sie von sich aus den Vertrag ab, wird dies in der Familienkonferenz besprochen.
Sonstiges: Änderungen dieses Vertrages sind nur möglich, wenn Anika und ihre Eltern darüber eine einvernehmliche Lösung finden.

Datum   Unterschrift

Anika   Sonja   Helmut

Was Sie unbedingt beachten sollten: Wenn der Teenager das vereinbarte Verhalten tatsächlich zeigt, sind Sie absolut verpflichtet, die vereinbarte Belohnung auch „auszuzahlen", damit der Vertrag funktionieren kann. Bestrafen Sie Ihren Teenager nicht für Verhaltensprobleme, die mit dem Vertragsinhalt nichts zu tun haben, indem Sie die verdiente Belohnung zurückhalten. Dadurch würden Sie das ganze Programm torpedieren. Handeln Sie einen neuen Vertrag aus, um mit dem neuen Problem umzugehen.

Eine weitere Szene aus einer Vertragsverhandlung im Rahmen einer Familienkonferenz:

Anika und Jan wollen zu einem Rock-Konzert. Die Diskussion dreht sich um die Frage, wann sie von diesem Konzert zurück sein sollen und allgemein um das Thema Ausgehzeiten.

Helmut: „Jan und Anika, ich habe gehört, ihr wollt am Samstag zu einem Rockkonzert gehen. Wann wollt ihr denn wieder zu Hause sein?"

Jan: „Ich denke, gegen 2 Uhr werden wir da sein."

Helmut: „Das halte ich aber für viel zu spät. Ihr kennt doch unsere Familienregel, dass ihr um 24 Uhr daheim seid."

Anika: „Ja, schon. Aber dann lohnt sich das Ganze doch gar nicht. Die fangen erst um zehn mit dem Konzert an. Dann können wir ja gleich daheim bleiben. Du vermiest uns diese Sachen immer."

Sonja: „Also, das finde ich jetzt nicht fair. Du bist erst 15. Da habe ich größte Mühe damit, dass ihr erst weit nach Mitternacht nach Hause kommt. Das macht mir Sorge."

Jan: „Aber der Stefan und meine Klassenkameraden dürfen da hin und bis zum Schluss bleiben. Die müssen nicht um 24 Uhr heim …"

Helmut: „Hättest du etwas dagegen, wenn ich mal bei Maiers anrufe und frage, wie die es regeln? Aber selbst wenn Maiers ihren Kindern erlauben, länger fortzubleiben – Mama und ich wollen, dass ihr beide um 24 Uhr heimkommt. Wenn ihr älter seid, ist das was anderes. Außerdem würde mich interessieren, wie ihr es organisieren wollt, um pünktlich heim zu kommen. So spät fährt überhaupt kein Bus mehr."

Anika: „Der Bruder von der Melanie holt uns ab und bringt uns direkt her. Das habe ich schon abgesprochen."

Sonja: „Das ist eine gute Idee. Trotzdem wäre es mir dann lieb, dass ihr um halb eins spätestens hier seid."

Jan: „Aber die Haupt-Band fängt sicher erst nach elf an zu spielen. Die kenne ich.

Die machen das immer so. Das lohnt sich für uns überhaupt nicht."

Vater: „Jan, du sagst mir jetzt: Entweder ganz oder gar nicht. Das finde ich schade. Ich gönne euch das Konzert, aber mir ist es wichtig, dass ihr auch unsere Sorgen und Gedanken respektiert. Uns geht es um einen Kompromiss. Ich habe keine Lust, euch das zu verbieten und die Rolle des Spielverderbers einzunehmen. Ich suche nur nach einer Möglichkeit, wie wir eure und unsere Interessen auf einen Nenner bekommen können."

Jan: „Du bist früher sicher auch länger weg geblieben."

Helmut: „Klar kann ich euch verstehen. Ich wollte mit 14 auch öfters möglichst lange auf ein Fest. Aber mein Vater hat das nicht erlaubt. Der hat überhaupt nicht mit sich reden lassen. Wir sind bereit, auf eure Wünsche einzugehen und ich denke, ihr bekommt den größten Teil des Abends mit. Und dann kommt mir noch etwas in den Sinn: Wenn wir einen Kompromiss finden, nimmt das den Druck weg. Dann spüre ich, dass ihr verhandlungsbereit seid. Das verbessert unser Miteinander. So fällt es mir auch leichter, Vertrauen zu wagen, dass ihr euch an Absprachen haltet. Ich denke, dann ist es auch in anderen ähnlichen Situationen einfacher, einen neuen Kompromiss auszuhandeln."

Sonja: „Ich schlage vor, wir überlegen uns das noch einmal bis morgen Abend. Dann reden wir darüber und entscheiden gemeinsam, wie wir die Angelegenheit regeln."

Jan: „Okay. Komm, Anika, ich habe da schon eine Idee …"

Am nächsten Abend wird das Gespräch fortgesetzt:

Sonja eröffnet: „Nun zu unserem Thema. Gibt es neue Einsichten, wer hat eine neue Idee zur Frage der Ausgehzeit am kommenden Samstag? Jan, du hattest eine Idee, hast aber noch nichts verraten."

Jan: „Ja, wir sind damit einverstanden, dass wir um ein Uhr daheim sind. Der Bruder von Melanie kann uns fahren. Das habe ich schon abgecheckt."

Helmut: „Das ist ja später, als wir uns gewünscht haben. Aber ihr habt euch Gedanken gemacht und eine aus meiner Sicht gute Lösung gefunden. Der Bruder von Melanie ist sehr zuverlässig. Schön, dann ist ja alles geregelt."

Jan: „Moment, wir haben da noch eine weitere Frage."

Sonja: „Ich bin gespannt."

Jan: „In drei Wochen feiert unser Jugendleiter seinen 30. Geburtstag. Und zwar lädt er alle aus der Gruppe ein. Also auch Anika und mich. Allerdings würde es so sein, dass er in seinen Geburtstag hineinfeiert. Das bedeutet, es wird erst um Mitternacht sein. Dann gibt es noch eine kleine Party und alle können auch im Gemeindehaus übernachten. Wir brauchen nur Iso-Matte und Schlafsack. Wäre das möglich?"

Helmut an Jan: „Heißt das, dass es bis morgens früh geht?"

Jan: „Ja, so ist das. Daher wollen wir euch um Erlaubnis bitten, dass wir an diesem Wochenende wegbleiben dürfen. Wir kämen am Sonntag 13.00 Uhr heim – wir müssen ja alles noch aufräumen."

Anika: „Ihr könnt uns jederzeit erreichen. Es gibt im Gemeindehaus ein Tele-

fon. Die Nummer würdet ihr noch bekommen. Außerdem habe ich mein Handy dabei und auch an."

Sonja zu Helmut: „Was sollen wir machen?"

Helmut: „Ich schlage vor, wir stimmen zu. Wie siehst du das?"

Sonja: „Mir scheint das gut geplant zu sein. Ich könnte zustimmen. Allerdings habe ich da noch eine Frage. Wird es Alkohol geben und wie werdet ihr schlafen?"

Anika: „Nein, kein Alkohol. Das hat unser Gruppenleiter, der Fred, deutlich gesagt. Und wer schlafen will, der kann sich in die kleineren Gruppenräume zurückziehen. Einer für die Mädchen, ein anderer für die Jungs."

Sonja: „Gut, dann stimme ich auch zu. Anika, bitte schreibe uns nochmals alles genau auf, damit wir die Sache schriftlich haben."

Anika: „Jan, du hilfst mir, okay?"

Jan nickt Anika zu.

Anika: „Bis morgen Abend haben wir alles aufgeschrieben."

Helmut: „Damit haben wir diesen Punkt geklärt. Irgendwie freue ich mich, dass ihr die Sache so gut vorgeplant habt. Ich wünsche euch jetzt schon viel Spaß dabei."

Anika und Jan sind ziemlich stolz, dass sie ihre Eltern „herumbekommen" haben.

Kapitel 11: Familienkonferenzen durchführen

Schon lange profitieren Familien nachweislich davon, dass sich ihre Mitglieder, ob jung oder alt, ob groß oder klein, zusammensetzen, einander zuhören, miteinander sprechen und Interessen, Erwartungen und auftretende Probleme klären. Dabei lässt sich mit festen Ritualen und Besprechungsterminen vieles leichter regeln und viel unnötiges Stresspotenzial vermeiden. Bekannt geworden ist dieser Ansatz unter dem Begriff „Familienkonferenz".[4] Thomas Gordon, der diesen Begriff geprägt hat, nennt drei sehr gegensätzliche Wege zur Konfliktbewältigung:

Methode I: Ein Elternteil entscheidet, was richtig und falsch ist. Das Kind oder der Teenager (und der andere Elternteil) müssen akzeptieren.

Methode II: Nach einem anfänglichen Versuch gibt der Elternteil auf, seine Meinung durchzusetzen. Das Kind siegt, die Eltern verlieren.

Methode III: Eltern und Kinder suchen gemeinsam nach einer Lösung, die den Bedürfnissen beider Seiten gerecht wird; keiner verliert, keiner siegt.[5]

Zweifelsfrei ist die Methode III, die „niederlagenlose Methode", die für alle Beteiligten befriedigendste. Wirklich interessant ist, dass diese Art, miteinander zu sprechen und einander zuzuhören, bei kleinen und großen Kindern und selbst bei Jugendlichen und Erwachsenen „funktioniert".

Wie gestaltet man eine Familienkonferenz?

Wie bei dem sozialen Vertrag (Seite 99f.) sind hier verschiedene Schritte zu beachten: [6]

Schritt I: Das Problem wird definiert

Schritt II: Mögliche Lösungen werden vorgeschlagen

Schritt III: Die möglichen Lösungen werden bewertet

Schritt IV: Es wird entschieden, welches die beste Lösung ist

Schritt V: Wege zur Ausführung der Lösung werden ausgearbeitet

Schritt VI: Später wird untersucht, wie und ob die Lösung funktionierte

Für die praktische Umsetzung der gemeinsamen Lösungsfindung gibt es verschiedene Richtlinien, die auch Ihnen helfen werden, diese Konferenz – hier auf die Teenager übertragen – in Ihrer Familie oder Gruppe durchzuführen:

1. Geben Sie Ihrem Teenager Gelegenheit, eine oder mehrere Lösungen vorzuschlagen, bevor Sie selbst eine anbieten.

2. Erwarten Sie nicht, dass Ihr Teenager auf alle Lösungen selbst kommt. Auch Sie sind an dem Problemlösungsprozess beteiligt. Nehmen Sie sich also das Recht, auch Ihre Ideen einzubringen.

3. Bewerten Sie keine der vorgeschlagenen Lösungen, bevor nicht eine ausreichende Anzahl an Alternativen genannt wurde. Wertungen ersticken alle Kreativität und nehmen Teenagern den Mut, ihre Gedanken zu äußern. Machen Sie auch keine abwertenden Bemerkungen. Schließen Sie keine der vorgeschlagenen Lösungen von vornherein aus.

4. Ermutigen Sie Ihre Teenager, jede Lösung zu nennen, die ihnen einfällt, ganz egal, wie verrückt oder unpraktisch sie Ihnen erscheinen mag. Die Menge ist entscheidend. Dies ist eine Form von Brainstorming.[7]

Im Anschluss an Gordons Idee entstanden eine Vielzahl von praktischen Hinweisen und Anleitungen zur Familienkonferenz.[8] Das folgende Arbeitsblatt[9] kann Ihnen bei der Durchführung dieser Begegnungen von großem Nutzen sein.

Arbeitsblatt: Die Familienkonferenz oder der Familienrat

Familienkonferenz, Familienrat – Wie man es macht
- *Zeitpunkt vereinbaren,* zu dem alle Familienmitglieder erscheinen können, und den Ort bekannt geben.
- *Regelmäßiges Treffen,* zum Beispiel einmal in der Woche, zu einem fest vereinbarten Zeitpunkt.
- Die Teilnahme ist *kein Zwang.* Entscheidungen werden jedoch getroffen, unabhängig davon, wer anwesend ist oder nicht.
- Jede Versammlung braucht einen, der Ordnung hält. Deshalb gibt es einen *Vorsitzenden,* der wöchentlich oder monatlich wechselt. Jeder ist einmal Vorsitzender.
- Entscheidungen sollten *einstimmig* getroffen werden, damit sich jeder verpflichtet fühlt, sich an Entscheidungen und Regeln zu halten.
- Die *Zeitspanne,* für wie lange eine Regel gilt (z. B. bei Hausarbeiten), muss immer genau festgelegt werden.

Welche Regeln für den Familienrat nützlich sind
- *Alle* Mitglieder des Familienrates sind *gleichwertig.*
- *Offenes Forum:* Jedes Familienmitglied hat die Möglichkeit, Beschwerden, Ideen und Meinungen zu äußern und die der anderen zu hören.
- *Nicht unterbrechen:* Jeder muss Zeit und Gelegenheit haben zu reden, ohne unterbrochen zu werden. Der Vorsitzende sollte eine Liste der Wortmeldungen führen.
- *Zuhören – Geduld haben:* Jedem, der redet, soll mit Geduld und Aufmerksamkeit zugehört werden.
- *Der Ton* macht die Musik: Jeder redet, besonders bei Beschwerden, in der Weise, dass ein anderer sich nicht bedroht fühlt und nicht in die Verteidigungsposition gedrängt wird.
- *Probleme:* Bei vorgebrachten Problemen beteiligen sich alle Familienmitglieder an der Lösungsfindung.
- *Erfreuliches:* Nicht vergessen, dass es auch erfreuliche und lobenswerte Dinge zu besprechen gibt.
- *Entscheidungen/Regeln:* Entscheidungen dürfen nicht zwischen den Familiensitzungen geändert werden.
- *Gemeinsame Verantwortung:* Wenn Entscheidungen gemeinsam und einstimmig getroffen werden, tragen alle, entsprechend ihren Fähigkeiten, an der Verantwortung für die ganze Familie mit.

Es ist hilfreich, am Anfang mit ca. 25 Minuten Dauer zu beginnen. So können sich alle daran gewöhnen. Verlängern Sie die Dauer, wenn nötig, schrittweise. Was aber über die Länge einer üblichen Schulstunde von 45 Minuten oder 50 Minuten hinausgeht, bedeutet für Ihre Teenager Stress. Solche langen Konferenzen sind nur bei sehr wichtigen Themen hilfreich.

Lassen Sie sich während der Konferenz weder durch Telefon noch Haustürklingeln stören.

Was gut ankommt: Arrangieren Sie, wenn möglich, anschließend eine angenehme Familienaktivität – ein Familienspiel, etwas zum Knabbern oder einen Video/DVD-Abend.

Funktioniert die Familienkonferenz überhaupt?

Manche Eltern stehen aufgrund ihrer bisherigen Erfahrungen mit dem Teenager einer solchen Familienkonferenz eher skeptisch gegenüber. Sie stellen kritische Fragen:

- Und wenn die Teenager die Familienkonferenz für megaout halten oder glauben, nur Nachteile zu haben?
- Familienkonferenz – sehen das die Teenager nicht als eine Art Durchdrückmaßnahme oder Appell zum Empfangen von Befehlen?

In der Tat sind solche Missverständnisse möglich. Aber in dem Augenblick, wo der Teenager entdeckt, dass Veränderungen auch seitens der Eltern möglich sind, fasst er Vertrauen in Sie als Eltern und auch in das Instrument der Familienkonferenz. Wichtig ist es, dass Sie als Eltern aufrichtig bei der Sache sind und Ihre Anliegen glaubhaft vertreten.

Wenn Sie bisher schlechte Erfahrungen mit der Familienkonferenz gemacht haben, dann ist es gut, einmal die Rahmenbedingungen und die Art und Weise des Vorgehens zu überprüfen. Beziehen Sie in diesem Fall Ihren Teenager mit ein und ermutigen Sie ihn, seine Ideen zu formulieren, wie das besser klappen könnte.

✐ **Übung 24: Familienkonferenz:**
Sammeln Sie Punkte, die in Ihrer Familie im Sinne einer solchen Konferenz dringend besprochen werden sollten:

_____

_____

_____

Ausschnitt einer Familienkonferenz bei Familie Fink

Familie Fink hat schon einige Wochen lang Familienkonferenzen durchgeführt. Sie haben schon gute Erfahrungen damit gemacht, dass alle Beteiligten die Konferenz abwechselnd leiten. Heute hat Anika die Sitzungsleitung.

Zum Thema, um das es bei dem nun folgenden Gespräch geht, ist es wichtig zu wissen: Mit dem Geld ist es bei Sonja und Helmut, Anika und Jan immer etwas knapp bestellt. Es reicht für die verschiedenen Bedürfnisse gerade so. Überfluss gibt es nicht. Manchmal nur einen sehr preiswerten Urlaub. Nun hat eine Tante von Helmut der Familie 2.000 Euro geschenkt. Zuerst wollte Helmut dieses Geld zum Ersparten legen. Sonja wollte es in die Anschaffung einer neuen Waschmaschine investieren, da die alte vielleicht bald kaputt geht. Den Rest wollte sie für neue Kleidung im Frühjahr zurücklegen. Beiden ist klar, dass auch die Kinder ihre Vorstellungen darüber haben, was mit dem Geld geschehen soll. Die Eltern haben sich entschlossen, die Verwendung dieses Geldes gemeinsam in der Familienkonferenz festzulegen.

Anika: „Auf der Tagesordnung steht als nächster Punkt: Verwendung des Geldes von Tante Helene. Papa, du bist dran."

Helmut: „Stellt euch vor, Tante Helene hat uns 2.000 Euro geschenkt. ‚Es ist Geld für euch', hat sie gesagt. Mehr hat sie nicht festgelegt. Jetzt haben aber Mama und ich überlegt, dass wir mit euch besprechen wollen, wie wir das Geld verwenden."

Anika: „Cool. Dann teilen wir das durch vier und jeder bekommt 500 Euro. Was man für 500 Euro alles kaufen kann … Ich fange mit Markenturnschuhen an. Oder wir machen Urlaub auf Mallorca. Oder wir kaufen einen Beamer als Fernseher. Dann machen wir Kino daheim."

Jan: „Wenn ich 500 Euro bekäme, würde ich mir was für den PC kaufen."

Sonja: „Ich bin dafür, dass wir das ganze Geld sinnvoll ausgeben. Bald geht unsere Waschmaschine kaputt. Dafür legen wir 1.000 Euro zurück. Und den Rest behalten wir für neue Kleider im nächsten Frühjahr. Papa braucht dringend neue Sachen. Ich wünsche mir schon lange ein neues elegantes Kostüm und ihr beide braucht neue Hosen und Schuhe."

Helmut: „Die Idee mit dem Aufteilen finde ich gar nicht schlecht. Dann ist es gerecht verteilt und ich könnte mich sogar darauf einlassen, obwohl es das Geld von *meiner* Tante ist."

Jan: „Ich habe noch eine Idee. Unser Jugendleiter hat uns von einem Unternehmen erzählt, das Patenschaften für Kinder in Südamerika vermittelt. Ich glaube, er will, dass wir als Jugendgruppe jede Woche etwas von unserem Taschengeld zurücklegen, damit wir 30 Euro im Monat dafür zusammenbekommen. Vielleicht könnten wir auch so etwas machen."

Sonja: „Das sehe ich nicht so. Was machen wir, wenn die Waschmaschine kaputtgeht?"

Anika: „Eigentlich würde ich das Geld auch lieber behalten. Aber, wenn schon, dann könnten wir alles auf einmal spenden. Jemandem, der richtig viel Not hat. Eine meiner Freundinnen hat erzählt, ihr Vater sei arbeitslos geworden. Vielleicht können wir es denen geben."

Helmut: „Okay, das habe ich verstanden. Bevor wir den Gedanken von Jan verwerfen, möchte ich nochmals nachfragen. Jan, wie stellst du dir das mit dem Patenkind vor? Das Geld würde doch gerade mal für fünf oder fünfeinhalb Jahre reichen. Doch so eine Patenschaft geht viel länger. Und dann?"

Jan: „Aber wir könnten 5 Jahre lang einem Kind helfen. So ein Kind würde sich sicher freuen, auch wenn es nur für eine bestimmte Zeit unterstützt wird. Und außerdem könnten wir uns ja dann überlegen, wie wir weitermachen. Auf jeden Fall hätten wir als Familie ein Patenkind."

Anika (wendet sich der Mutter zu): „Eigentlich finde ich das eine gute Idee. Und wir wollen anderen helfen, hast du immer gesagt."

Sonja: „Bevor ich nicht weiß, wie wir eine Rücklage für die Waschmaschine bilden, könnte ich dem nicht zustimmen."

Helmut: „Aber Sonja, wir haben doch unser Sparbuch. Das Geld müsste doch für eine Waschmaschine reichen."

Sonja: „Ja schon. Aber ich denke auch an unseren Urlaub und die neuen Kleider. Woher nehmen wir dann das Geld dafür?"

Helmut: „Ich weiß. Wir müssen immer kämpfen. Aber bislang sind wir durchgekommen. Und ich glaube, dass es auch in Zukunft reichen wird. Aber jetzt hätten wir die Chance, etwas Gutes zu tun, ohne dass es uns extra Geld kostet."

Sonja: „Ja, aber gleich 2.000 Euro weggeben? Ich weiß nicht ..."

Jan: „Wir teilen es doch über einen Zeitraum von 5 Jahren auf."

Helmut: „Ich schlage vor, dass wir die 2.000 Euro auf ein extra Konto legen, von dem wir die 30 Euro für die Patenschaft jeden Monat überweisen. Wie wäre es, wenn wir bei der Organisation, die die Patenschaften vermittelt, anfragen, ob wir auch kurzfristig die Patenschaft beenden können, wenn es erforderlich sein sollte? Was meint ihr?"

Sonja: „Okay, eigentlich geht es uns ja ganz gut, auch wenn wir uns nicht alles leisten können. Und wenn wir auf diese Weise einem Kind helfen können, dann ist das vielleicht der bessere Weg. Wenn wir die Patenschaft wirklich beenden können, dann bin ich damit einverstanden."

Anika: „Ich möchte aber wissen, wie das Kind heißt, ob es ein Junge oder Mädchen ist und ich will ihm auch mal schreiben können."

Jan: „Das weiß ich bereits. Das ist bei der Organisation möglich. Das hat uns der Fred schon vorgelesen."

Helmut: „Auch das kläre ich noch. Also jetzt nochmals: Wer ist dafür, dass wir ein Patenkind in Südamerika mit 30 Euro im Monat unterstützen und dafür die 2.000 Euro einsetzen – dies aber nur machen, wenn wir die Patenschaft in einer eigenen Notlage jederzeit abbrechen können?"

Anika zählt: „Einstimmig."

Helmut: „Über so viel Geld haben wir noch nie abgestimmt. Mir ist noch ganz schwindelig."

Anika, die an diesem Tag die Familienkonferenz leitet: „Jan, hast du als Protokollführer alles notiert? Gut, dann kommen wir jetzt zum nächsten Punkt ..."

Kapitel 12: Strategien für schwierige Situationen

Es lohnt sich, klare und durchschaubare Regeln für ein spannungsfreies Miteinander in der Familie und Gruppe zu formulieren. Regeln, die von allen Beteiligten gemeinsam aufgestellt und eingehalten werden (dies gilt selbstverständlich auch für Sie als Eltern und Erzieher). Dadurch können viele Konfliktsituationen und ungesunder Familienstress vermieden werden.

Aber was tun, wenn es plötzlich doch zu überraschenden Reaktionen Ihrer Teenager, zu problematischen Handlungsweisen, zu einem belastenden und die Familie störenden Verhalten kommt, das Ihnen als Eltern nicht förderlich für die Entwicklung Ihres Kindes erscheint? Dann ist es gut, wenn Eltern vorbereitet sind.

Es kann sein, dass Ihr Teenager mit Gefühlen konfrontiert ist, die er so noch nie zuvor erlebt hat. Vielleicht erlebt er starkes Mobbing in seiner Klasse, weiß aber nicht, damit umzugehen. Er traut sich auch nicht, mit Ihnen darüber zu sprechen. Oder er hat in der Klassenarbeit wieder eine schlechte Note, obwohl er oder sie viel dafür gelernt hat. Da tröstet der schlechte Klassendurchschnitt auch nicht.

Solche Gefühle oder auch Aggressionen (siehe letzten Punkt dieses Kapitels) können Ihren Teenager sehr belasten und irritieren. Er muss sich selbst und seine emotionalen Reaktionsmuster ja erst kennen lernen – und dann Wege finden, so damit umzugehen, dass weder er selbst noch seine Beziehungen zu anderen darunter leiden. Bevor es so weit ist, werden Sie als Eltern immer auch die Unausgeglichenheit und Unausgegorenheit Ihres Teenagers zu spüren bekommen.

Aber: Sie können sich als Eltern auf Konfliktsituationen vorbereiten, die durch problematisches oder inakzeptables Verhalten entstehen. In Kapitel 3 wurden bereits mögliche Ursachen von problematischem Verhalten bei Teenagern dargestellt, die im Verhalten der Eltern begründet sind. Hier soll es nun um positive Erziehungsstrategien gehen, mit denen Sie aktiv auf Konfliktsituationen reagieren oder solchen Situationen bereits vorbeugen können.[10]

Die positiven Erziehungsstrategien sind Möglichkeiten, Ihren Teenager dabei zu unterstützen, einen Entwicklungsschritt zu gehen, mit dem er sich offensichtlich schwer tut. Sechs solcher Strategien werden im Folgenden erläutert:

- Familienregeln vereinbaren
- Direktes Ansprechen
- Wirksame Anweisungen
- Stoppen von problematischem Verhalten
- „Besinnungszeit"
- Logische Konsequenzen

Positive Erziehungsstrategien

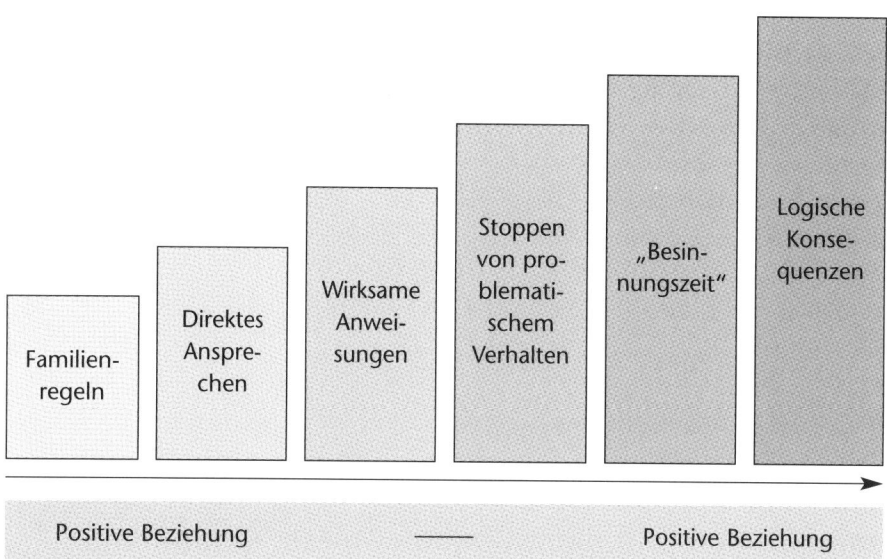

Die positiven Strategien bauen in ihrer Intensität aufeinander auf und ergänzen einander. Nicht alle Strategien müssen und können in jedem Fall eingesetzt werden. Aber oft weisen sie den Weg, den Eltern gehen können, wenn sie bei ihrem Teenager Verhaltensweisen erleben, die sie nur mit Sorge beobachten können.

Wieder gilt der alles entscheidende Grundsatz: Alle diese Maßnahmen haben nur dann eine reelle Chance, etwas zu bewirken, *wenn die Beziehung zwischen den Beteiligten als positiv erlebt wird*. Methoden allein verändern kaum etwas. Aber wenn sie – wie in der Graphik dargestellt – von der positiven Beziehung zwischen Eltern und Teenagern gestützt und getragen werden, dann können Methoden und Strategien brauchbare Werkzeuge zu gelingendem Umgang sein.

Dabei sollten Sie, wie oben schon gesagt, beachten, dass die einzelnen Schritte in der angegebenen Reihenfolge eine Steigerung der Intensität des Handelns bedeuten. Sie haben die Möglichkeit, Stufen auszulassen, aber kaum die Chance, im Einzelfall wieder eine Stufe zurückzugehen, um das erwünschte Verhalten zu erreichen. Fangen Sie also möglichst „niedrigschwellig" an.

Familienregeln vereinbaren

Wie beim sozialen Vertrag liegt die Kraft von Familienregeln nicht in langen Formulierungen oder in pedantischen Einzelbestimmungen. Formulieren Sie Ihre Regeln

- kurz,
- präzise,
- aussagekräftig,
- nachvollziehbar.

Es kommt auf die Dinge an, die Ihnen als Eltern wichtig sind: Grenzen, die nicht überschritten werden dürfen, oder Verhaltensweisen, die Sie in Ihrem Haus nicht dulden wollen.

Handeln Sie diese Regeln gemeinsam aus. Das ist wichtig. Ihr Teenager will an die Grenzen gehen und Grenzen spüren. Dass er diese dann aber auch einhält, wird dadurch wahrscheinlicher, dass Sie miteinander um diese Regeln gerungen und sie gemeinsam aufgestellt haben. Der beste Ort dazu ist die Familienkonferenz.

Formulieren Sie die Regeln positiv: „Wir reden so miteinander, dass wir den anderen unsere Achtung spüren lassen." Dies ist besser als: „Sei nicht so ordinär und verletzend." Ein weiteres Beispiel: „Respektiere die Privatsphäre und das Eigentum anderer" ist besser als: „Misch dich nicht bei anderen ein und nimm dir nicht, was anderen gehört."

Merke: Regeln funktionieren am besten, wenn sie fair und einfach einzuhalten sind.

✎ Übung 25: Familienregeln

Welche Familienregeln sind mir wichtig, die ich in einer Familienkonferenz verhandeln möchte?

_____

_____

_____

_____

Sprechen Sie den Teenager direkt an

Hält sich Ihr Teenager an eine vereinbarte Regel nicht, ist die Gefahr groß, dass die Situation eskaliert. Eltern nehmen dies schnell als Beweis dafür, dass der Teenager es doch auf Konflikte anlegt. Er dagegen wollte vielleicht nur die Grenze austesten.

Sie haben es zu einem großen Teil in der Hand, wie eine solche Situation sich entwickelt. Geben Sie Ihrer Empörung und Ihrem Zorn nach, werden Sie gar laut, dann wird Ihr Teenager dasselbe tun. Schon das Wissen um eine andere Möglichkeit, den Konflikt zu lösen, macht es leichter, von der Ebene der spontanen emotionalen Reaktion wegzukommen und das Problem konstruktiv anzugehen, indem Sie Ihren Teenager direkt darauf ansprechen.

Auch hier gibt es einige Schritte zu beachten:

1. Gewinnen Sie die Aufmerksamkeit Ihres Teenagers.
2. Benennen Sie das störende Verhalten.
3. Lassen Sie die verletzte Regel wiederholen.
4. Fordern Sie das korrekte Verhalten ein.

Die mit Anika und Jan vereinbarte Familienregel lautet: Wenn wir miteinander Konflikte haben, vermeiden wir es, uns mit unflätigen oder verletzenden Worten zu beleidigen. Anika hat gerade beim Frühstück diese Regel gebrochen.

Schritt 1: Gewinnen Sie die Aufmerksamkeit Ihres Teenagers.

Sagen Sie in ruhigem Ton: „Anika, hallo, ich möchte dir etwas sagen. Hörst du mir zu?"

Schritt 2: Benennen Sie das störende Verhalten.

„Deine Worte eben haben mich verletzt!"

Schritt 3: Fragen Sie nach der vereinbaren Regel. Lassen Sie diese durch Ihren Teenager wiederholen.

„Du weißt, wir haben hier eine Regel vereinbart, die für dich und für mich gilt. Es wäre mir eine Hilfe, wenn du sie nochmals sagen könntest. Dann weiß ich, dass wir wieder den gleichen Level haben." Anika nennt die Regel.

Schritt 4: Anerkennen Sie die Rückbesinnung auf die Regel und fordern Sie dann das korrekte Verhalten ein.

„Danke für deine Bereitschaft, die Verabredung zu halten. Ich denke, wir können jetzt in Ruhe weiteressen."

Sollte Ihr Teenager nicht in der Lage sein, sich erneut auf die vereinbarte Regel einzulassen, dann ist dies ein Thema für die nächste Familienkonferenz. Dies könnte bedeuten, dass die Regel zu unklar formuliert war oder dass etwas Wesentliches – wie ein anderer Konflikt, der noch unausgesprochen im Raum steht – nicht geklärt wurde.[11] Womöglich hilft aber bereits eine „wirksame Anweisung" weiter.

Wirksame Anweisungen

Mit einer Anweisung gehen Sie noch einen Schritt weiter als bisher. Sie können sich dabei auf eine bereits vereinbarte Regel beziehen und darum bitten, dass sie eingehalten wird.

Sonja sagt etwa mit Entschiedenheit: „Anika, die Regel ist klar. Ich bitte dich, die Schimpfwörter wie vereinbart sofort zu unterlassen! Mich verletzen sie sehr." Kommt Anika dieser dringenden Bitte nach, hat sich die Sache erledigt.

Es gibt jedoch auch andere Situationen, für die noch keine Regel abgesprochen wurde. Dann sollen Teenager lernen, auch anderweitigen Anweisungen ihrer Eltern oder Erzieher nachzukommen. Doch ob dies gelingt, hängt von der Art und Weise ab, wie diese Anweisungen gegeben werden.

Wenn Sie von Ihrem Teenager etwas verlangen – und dazu haben Sie das Recht ebenso, wie er von Ihnen immer wieder etwas einfordert –, ist es wichtig, dass Sie dies ihm gegenüber mit Respekt tun. Das kleine Zauberwort „Bitte" kann hier viel ausdrücken. „Bitte nimm den Besen und fege jetzt die Straße. Danke."

Vielleicht ist dies eine Brücke für Sie: Stellen Sie sich vor, Sie würden einem Freund Ihres Teenagers eine Anweisung geben. Wie würden Sie dies machen? Im Befehlston? Wohl kaum. Zuerst würden Sie ihn bitten und klar Ihr Bedürfnis äußern. Mit einer vergleichbaren Haltung sollten Sie Ihrem eigenen Teenager begegnen.

Es ist unrealistisch, davon auszugehen, dass Ihre Anweisungen stets unmittelbar ausgeführt werden. Geben Sie Ihrem Teenager, je älter er wird, auch die Freiheit zu entscheiden, wann er die Aufgabe erledigen wird und bis wann er fertig sein will. So geben Sie ihm einen Spielraum der Selbstständigkeit und das Gefühl, eigenverantwortlich an die Aufgaben herangehen zu können. Aber lassen sie sich diese Entscheidung auch konkret benennen.

Stoppen Sie problematisches Verhalten

Wieder kann es sein, dass es für eine bestimmte Sache noch keine abgesprochene Regel gibt. Aber es tritt problematisches Verhalten auf, auf das Sie reagieren müssen. Dann sollten Sie unmittelbar handeln und Ihrer Forderung Nachdruck verleihen.

Wichtig ist: Sie sollten im Rahmen einer allgemeinen Regel mit Ihrem Teenager verabreden, dass Sie dann, wenn plötzlich ein unakzeptables Verhalten auftritt, entsprechend handeln werden. Dann kommt Ihre Reaktion nicht überraschend, sondern Ihr Teenager weiß prinzipiell, dass er mit einer Reaktion Ihrerseits rechnen muss und dass dies abgesprochen war.

● *Warten Sie einen günstigen Zeitpunkt ab.*

Das Wichtigste ist, einen günstigen Zeitpunkt für das Gespräch abzuwarten. Manchmal kann es besser sein, nicht mitten in den Geschwisterstreit oder in den Film hineinzuplatzen, sondern eine gute Gelegenheit abzuwarten, um die Aufmerksamkeit Ihres Teenagers zu gewinnen, etwa die Werbepause.

Der Teenager sollte Ihnen seine ganze Aufmerksamkeit zuwenden. Notwendig ist, dass Sie Ihre Erwartungen konkret formulieren. Der Teenager braucht nach dieser Ansprache Zeit, zu einer bewussten Reaktion zu kommen. Wenn er dann mitgearbeitet hat und Sie zu einer Lösung gekommen sind, dann vergessen Sie nicht, das auch anerkennend zu erwähnen. Die nachfolgenden Beispiele erläutern die einzelnen Schritte.

● *Beschreiben Sie das problematische Verhalten genau.*

Anika diktiert immer wieder, welches Fernsehprogramm gesehen wird, wenn sie da ist. Ihr Bruder Jan muss sich immer nach ihr richten. Dies gibt regelmäßig Streit.

● *Treten Sie an Ihren Teenager heran und gewinnen Sie seine Aufmerksamkeit.*

Sonja nutzt eine Pause und spricht ihre Tochter direkt an: „Anika, es ist gerade Werbung. Bitte komm zu mir in die Küche. Ich will mit dir kurz sprechen."

● *Beschreiben Sie konkret, was Sie von Ihrem Teenager erwarten.*

In der Küche angekommen beginnt Sonja das Gespräch: „Anika, ich kann einerseits verstehen, dass du gerne das anschaust, was dir persönlich gefällt. Andererseits finde ich es ungerecht, dass allein du das Programm bestimmst. Ich finde, dass es jeder einmal bestimmen darf. Ich erwarte von dir, dass du einmal deinen Bruder bestimmen lässt und dass dann du wieder das Programm auswählst, das dir gefällt. Dann ist es gerecht. Ich schlage vor, dass du mit Jan darüber sprichst und ihr miteinander eine Regel ausmacht. Gerne können wir auch in der Familienkonferenz darüber sprechen."

● *Geben Sie Ihrem Teenager Zeit.*

Sonja: „Bis wann willst du entscheiden, ob du das mit Jan besprichst oder ob wir alle in der Familienkonferenz darüber sprechen wollen?"
  Anika: „Das weiß ich schon jetzt. Nach dem Film spreche ich mit ihm."

Sonja: „Bis wann willst du mir eure Vereinbarung mitteilen. Mach es am besten schriftlich."
  Anika: „Bis heute Abend."
  Sonja: „Okay."

● *Loben Sie seine Mitarbeit.*

Anika legt am Abend zusammen mit ihrem Bruder eine kurze Vereinbarung vor, die die Zustimmung Ihrer Mutter findet.
  Sonja: „Ich freue mich darüber, dass ihr

miteinander dieses Problem so gut gelöst habt. Anika, besonders danke ich dir, dass du eingelenkt hast und für einen Lösungsweg offen warst."

Verleihen Sie Ihrer Anweisung Nachdruck mit einer „Besinnungszeit".

Angenommen, Anika hätte sich beim Gespräch in der Küche dem Lösungsvorschlag ihrer Mutter verweigert. Dann gäbe es für Sonja die Möglichkeit, ihre Forderung noch deutlicher zu formulieren.

Sonja: „Anika, ich finde dein Verhalten im Moment nicht hilfreich. Damit du merkst, wie wichtig es mir mit dieser Vereinbarung ist, bitte ich dich jetzt, für 10 Minuten ins Gästezimmer zu gehen. Danach – wenn du an einer Vereinbarung Inter.esse hast – können wir nochmals

darüber sprechen. Oder du sagst mir, wann es für dich vor 19.00 Uhr noch passt oder wie du dieses Verhalten ändern und wie du mit deinem Bruder zu einer tragfähigen Lösung kommst. Okay?"
  Anika : „Das finde ich jetzt richtig blöd."

● *Debattieren und diskutieren Sie in solchen Augenblicken nicht, sondern verleihen Sie Ihrer Forderung weiterhin Nachdruck.*

Sonja: „Ich akzeptiere deinen Ärger. Aber ich bestehe auf einer Regelung, mit der wir hier besser miteinander leben können.

Nochmals: Bitte respektiere meine Entscheidung. In 10 Minuten kannst du mir mitteilen, wie du dich entscheiden willst."

Sollte Anika nicht auf ihr Zimmer gehen und sich trotzig weigern, dann ist dies ein Tagesordnungspunkt für die nächste Familienkonferenz. Dort muss dann die Situation neu geordnet werden. Sollte sich Anika auch in der Familienkonferenz gegen Klärungen sperren, obwohl die Eltern auf der Beziehungsebene und auch im Blick auf die vorgestellten Schritte alles, was ihnen möglich ist, getan haben,[12] kann eine Situation erreicht werden, in der sich die Eltern entscheiden, Hilfe von außen, beispielsweise durch eine Familienberatung, in Anspruch zu nehmen.

- *Erlauben Sie danach die Aktivität wieder.*

Anika kommt nach 10 Minuten noch nicht aus ihrem Zimmer. Sonja ruft nach ihr. Anika teilt mit, dass sie später kommt. Dann, nach 15 Minuten, kommt sie und kündigt an, dass sie sich noch vor dem Abendessen um 18.30 mit Jan zusammensetzen und die Sache klären will. Sonja vergewissert sich, ob dies auch für Jan in Ordnung ist und akzeptiert diesen Weg. Danach kann Anika weiter fernsehen, muss allerdings ertragen, dass inzwischen das Programm gewechselt hat.

- *Setzen Sie, wenn nötig, andere Konsequenzen ein.*

Sollte Anika die Besprechung erneut vermeiden oder „vergessen", wird die Frage bis zur nächsten Familienkonferenz vertagt. Bis dahin bittet Sonja Anika, entweder das Programm ihres Bruders zu akzeptieren oder nicht mehr am Fernsehschauen teilzunehmen.

Logische Konsequenzen

Strafen sind negative Konsequenzen eines Fehlverhaltens. Strafen sind weit verbreitet, werden aber in ihrer Wirkung oft überschätzt. Viel eher als Tadel führt Lob zum Erfolg. Dennoch gibt es „Ausnahmesituationen", auf die eine negative Konsequenz folgen muss, damit Ihr Teenager sieht, dass sein Verhalten Konsequenzen hat, für die er selbst die Verantwortung trägt.

Diese Möglichkeit der logischen Konsequenzen kann am Ende der Reihe möglicher Maßnahmen im Umgang mit einer problematischen Verhaltensweise stehen. Es gibt aber auch Situationen, in denen es ohne Vorankündigung eine logische Konsequenz geben kann, ohne dass Sie sie ankündigen oder herbeiführen müssen.

Alexander lässt sein Fahrrad mit einem Plattfuß in der Garage stehen. Inge macht ihn darauf aufmerksam und bittet ihn, den Reifen zu flicken. Aber Alexander zeigt keine Reaktion. Zwei Tage später kommt der Sohn der befreundeten Familie spontan vorbei und lädt Alexander zu einer Radtour ein. Der hat nun ein Problem: Plattfuß am Rad. Der andere Junge kann oder will nicht warten. Alexander wird mit den Folgen seines Hinausschiebens der Aufgabe konfrontiert und muss zu Hause bleiben.

Zuweilen sind Teenager auch davon überzeugt, dass sie sich für Fehlverhalten einfach entschuldigen können und damit die Sache erledigt sei.

Doch so einfach geht es nicht immer. Als Eltern kennen Sie genügend Lebenssituationen, in denen auf ein entsprechendes Handeln auch eine negative Konsequenz, eine Strafe folgt. Wer bei Rot über die Ampel fährt und geblitzt wird, der mag zwar als Ausrede anführen können, dass er dringend zum Zug musste. Doch es wird ihm nichts nützen. Punkte in Flensburg, ein amtlicher Bescheid mit erheblichen Gebühren und ein Fahrverbot sind die Folge.

Auch Ihr Teenager hat das Recht, die Konsequenzen seines Verhaltens erleben zu dürfen. Wenn es geht, ist es hilfreich, wenn diese Konsequenzen vorab abgesprochen sind. Logische Konsequenzen werden somit oft auch im Rahmen der „sozialen Verträge" mit eingeschlossen.

In den Familienregeln wurde vereinbart, dass nach 23.00 Uhr kein TV mehr geschaut wird. Wird die Regel gebrochen, tritt die logische Konsequenz in Kraft: Wer nach 23.00 Uhr TV schaut, „verzichtet" am nächsten Tag auf jegliche TV-Sendungen.

Kapitel 13: Launen des Teenagers überstehen – wie gelingt das?

Emotionale Schwankungen, Schwierigkeiten des Teenagers, die eigenen Gefühle zu kontrollieren und die Spontaneität dieser Gefühle können Eltern manchmal massiv überfordern. Sicher müssen wir uns als Eltern immer wieder klarmachen, dass diese Schwierigkeiten ein Ausdruck dafür sind, dass der Teenager einen sozial verträglichen Umgang mit seinen Gefühlen erst noch erlernen muss. Er durchlebt momentan eine Phase, in der er oftmals das Umgekehrte erfährt: Seine Gefühle beherrschen ihn statt umgekehrt. Begegnen Sie ihm daher in erster Linie mit Verständnis für seine Situation. Aber helfen Sie ihm auch, auf dem Weg zu einem reifen Verhalten einen Schritt weiterzukommen.

Schwierig wird es, wenn Sie das spontane Gefühl des Teenagers bestreiten. Das wird nichts nützen. Er ist sauer oder verletzt oder wütend – ob Sie es als Eltern oder Erzieher verstehen oder nicht. Daher gilt:

● *Anerkennen Sie die Verstimmung.*
Wenn Ihr Teenager frustriert oder wütend ist, dann ist es gut, wenn Sie ihm Aufmerksamkeit schenken. Keine anklagende oder vorwurfsvolle, sondern wertschätzende Aufmerksamkeit, und eine solche, die den Teenager spüren lässt: Hier kommt jetzt kein Angriff, sondern zunächst Verständnis.

Vielleicht gelingt es Ihnen, dem Teenager zu helfen, diesem Gefühl einen Namen zu geben. Dies entlastet enorm (vgl. dazu die Hinweise auf verschiedene Gefühle S. 41).

● *Klären Sie, ob Sie helfen können.*
Als nächstes sollten Sie Ihren Teenager fragen, was er von Ihnen möchte. Vielleicht will er nur, dass Sie zuhören und ihm so helfen, mit seinen Gefühlen umzugehen, oder vielleicht wünscht er sich, dass Sie Wege zur Problemlösung aufzeigen.

Halten Angstgefühle oder depressive Gefühle Ihres Teenagers mehrere Tage oder gar Wochen an, sollten Sie professionelle Hilfe in Anspruch nehmen.

Anika kommt ins Haus und wirft ihren Schulrucksack in hohem Bogen ins Wohnzimmer. Die Jacke hat sie schon im Flur in die Ecke gepfeffert und die Schuhe liegen in der Küche.
Anika: „So ein Scheißtag. Diese Lehrer sind die letzten Idioten. Der Max hat mich im Bus wieder blöde angemacht und jetzt ist natürlich wieder nichts mehr zum Essen da. Ich finde das alles hier zum Kotzen …"
Sonja kommt gerade aus der Waschküche. Sie stellt ihren vollen Wäschekorb ab, legt ihrer Tochter die Hand auf die

Schulter und schaut ihr in die Augen: „Anika, du bist ja mächtig frustriert. Bei so vielen Tiefschlägen ist das ja auch kein Wunder."

Anika: „Ja, die ganze Welt ist schrecklich …"

Sonja: „Du hast den Eindruck, alle sind gegen dich und nun habe ich nicht mal gekocht, weil ich mit Jan beim Arzt war. Nun bin ich aus deiner Sicht auch noch eine Rabenmutter."

Anika: „So habe ich das nicht gemeint …"

Sonja: „Ich kann dich verstehen. Würde es dir helfen, wenn ich dir einen Kakao mache und du dich erst einmal aufs Sofa legst und dich ausruhst? Vielleicht können wir danach über alles reden?"

Jetzt wird's konkret: Schritte zur Umsetzung

Führen Sie eine „Erziehungskonferenz" durch, an der die Kinder nicht teilnehmen. Das Ziel ist, miteinander über die Themen in Teil III ins Gespräch zu kommen. Nehmen Sie sich dazu mindestens eine halbe Stunde Zeit und sorgen Sie dafür, dass Sie ungestört reden können.

Wählen Sie eine oder zwei positive Erziehungsstrategien aus, die Sie in der nächsten Woche ausprobieren wollen. Vielleicht fällt Ihnen auch eine passende Situation dazu ein. Schreiben Sie sich auf, wie Sie Ihren Teenager ansprechen und zum Mitmachen animieren können.

Strategie 1:

_____

_____

Strategie 2:

_____

_____

Was will ich konkret tun?

_____

_____

_____

_____

_____

Lesen Sie das Arbeitsblatt zur Familienkonferenz (S. 110) und besprechen Sie es mit Ihrem Partner oder jemandem, der Sie in der Erziehung Ihrer Kinder unterstützt.

Wie schätzen Sie die Wirksamkeit einer Familienkonferenz für Ihre Familiensituation ein? Wie könnten Sie diese ankündigen und vorbereiten?

_____

_____

_____

_____

Anmerkungen:

_____

_____

_____

Teil IV: Stressmanagement

Was Sie in dieser Einheit erwartet

Kinder und Jugendliche zu erziehen verursacht Stress – und durchaus nicht nur positiven. In diesem Teil des PEP-Programms geht es daher um die Grundfrage: Wie kann man den unvermeidlichen Stress, den die Erziehung von Jugendlichen mit sich bringt, auf ein erträgliches Maß begrenzen?

Für sich selbst sorgen

Alleinerziehende tragen die Last der Erziehung oft genug wirklich alleine und sind daher überlebensnotwendig darauf angewiesen, Strategien für den Umgang mit Erziehungsstress zu entwickeln. Aber auch Eltern brauchen Auszeiten, um ihr Miteinander als Paar bewusst zu gestalten und ebenso für sich selbst zu sorgen.

Eine Kultur der Vergebung einüben

Oft stehen zwischen Eltern und Kinder auch unbewältigte Verletzungen, die man sich, ohne es zu wollen, zugefügt hat. Der unausgesprochene Konflikt kann die Beziehung zwischen Eltern und Teenagern sehr belasten. Dann ist es an der Zeit, die Beziehung zu klären und auszuräumen, was trennt. Eine Kultur der Vergebung einzuüben, hilft auch in schwierigsten Lagen, die Beziehung aufrecht zu erhalten.

Vorausschauender Umgang mit Risikosituationen

Zu den Auslösern von Erziehungsstress mit Teenagern gehören so genannte „Risikosituationen". Da konsumiert der 16-jährige Jan größere Mengen Alkohol. Anika bleibt auch während der Schulzeit abends oft lange weg und ist mit ihren Freundinnen unterwegs. Und die Eltern sind zunächst rat- und hilflos. Wie soll, wie kann man damit umgehen?"

Telefon-Coaching

Zum Abschluss zeigt Teil IV die Möglichkeit auf, wie Sie durch Telefon-Coaching konkrete Unterstützung für Ihre Erziehungssituation erhalten.

Kapitel 14: Für sich selbst sorgen

Eltern und Alleinerziehende haben ebenso wie beruflich Erziehende die Aufgabe, nicht nur auf ihr Engagement für die Teenager, sondern auch auf ihre eigenen Bedürfnisse und die eigene Erholung zu achten. Die meisten Erziehungsratgeber haben diese Notwendigkeit klar im Blick.[1] Das Gefühl, ständig emotional und zeitlich überfordert zu sein, belastet auf Dauer auch sehr stabile Menschen. Und die Gefahr, selbst auszubrennen, ist groß, wenn es zu wenige Rückzugsmöglichkeiten gibt und die eigenen Bedürfnisse zu oft zu kurz kommen.

Erziehende brauchen Aktivitäten, bei denen sie zur Ruhe kommen, die ihnen in ihrer eigenen Beziehung helfen und die die Lebenszufriedenheit fördern. Antistressaktivitäten wirken vorbeugend vor krank machendem Stress.

Die Tatsache, dass Sie diese Zeilen lesen und sich mit dem „Positiven Erziehungs-Programm" beschäftigen, ist bereits eine erste wirksame Maßnahme zur Stressbewältigung.[2] Hilfreich ist es, wenn Sie konkret formulieren, was Ihnen Stress bereitet und was Ihnen helfen könnte, Stress zu vermeiden.

✐ **Übung 26: Stresssituationen erkennen**
In welchen Situationen empfinde ich Stress?

_____

_____

Was stresst mich daran?

_____

_____

Gibt es eine andere Sicht der Dinge, die mir helfen könnte, nicht so viel Stress zu empfinden?

_____

_____

Was würde mir konkret in dieser Situation helfen?

_____

_____

Was können Sie tun, damit Ihr eigener seelischer Haushalt ausgeglichen bleibt? Hier einige Vorschläge:

Gegenseitige Unterstützung

Arbeiten Sie als Elternpaar zusammen. Sprechen Sie über Ziele und Methoden von PEP4Teens und unterstützen Sie sich gegenseitig bei der Umsetzung der Vorschläge, die Sie für sich als wichtig und hilfreich erachten. Arbeiten Sie an dem Wissen, der Überzeugung und dem Gefühl, dass Sie zusammenhalten.

Wenn Sie Ihre Kinder allein erziehen, ist es wichtig, einen vertrauten Menschen zu haben, mit dem Sie über Sorgen und Ängste sprechen, dem Sie auch Ihre Erfolge mitteilen können und der Sie in Ihren Aufgaben unterstützt.

Und auch für Erzieherteams ist es sehr entlastend, wenn es ihnen gelingt, „an einem Strang" zu ziehen. Um dieses Ziel zu erreichen, ist es wichtig, dass Sie „Erziehungskonferenzen" abhalten: Treffen (natürlich ohne die Kinder), bei denen Sie einander zuhören, sich gegenseitig emotional stützen, Ziele absprechen und sich entschließen, solidarisch zueinander zu stehen.

- *Solidarität mit dem Partner.* Wenn ein Teenager beim einen Elternteil oder Erzieher mit einem bestimmten Anliegen, beispielsweise einer Verlängerung der Ausgehzeit, nicht erfolgreich war und nun beim anderen sein Glück versucht, ist es heilsam, wenn er unabhängig von einer aktuellen Absprache von beiden die gleiche Botschaft hört. Diese könnte lauten: „Du weißt, wie unsere Regel ist" oder: „Ohne dies mit Mama/Papa abzusprechen, kann ich dir keine Zusage machen …"
- *Austausch ist wichtig.* Beschreiben Sie Ihrem Partner, in welchen Situationen Sie unter Stress geraten und Unterstützung benötigen. Diese Situationen müssen sich durchaus nicht nur auf den Umgang mit Ihren Kindern beziehen. Beschreiben Sie diese Stress-Situationen möglichst genau. Und lassen Sie Ihren Partner wissen, was Ihnen in dieser Situation hilft – und was nicht. Beachten Sie dabei: Die Art und Weise, wie mein Partner *mich* in Stresssituationen unterstützen kann, muss nicht gleichzeitig auch eine Hilfe für *ihn* sein. Es ist wichtig, dass Sie genau aufeinander hören und wissen, was der andere jeweils braucht.

Helmut fühlt sich häufig überfordert, wenn er allein mit Anika zusammen ist. Ihre aufbrausende Art verunsichert ihn und er fühlt sich ihrer Heftigkeit und Impulsivität oftmals nicht gewachsen. Helmut verzichtet am Dienstag auf seinen Skatabend und bespricht zusammen mit Sonja bei einem Glas Wein die Situation, um anschließend mit Anika klare Regeln für den Umgang mit ihrem Vater zu vereinbaren und nach Lösungen zu suchen.

✎ **Übung 27: Unterstützung in Stresssituationen**

Machen Sie sich zu folgenden Punkten Notizen und sprechen Sie mit Ihrem Partner darüber.

In welchen Situationen wünsche ich mir Unterstützung von meinem Partner?

_____

_____

_____

_____

Woran kann mein Partner erkennen, dass ich von ihm Hilfe brauche?

_____

_____

_____

_____

Welches unterstützende Verhalten wünsche ich mir in diesen Stresssituationen von meinem Partner?

_____

_____

_____

_____

- *Impulse von außen holen.* Manche erleben, dass sie grundsätzlich Mühe haben, miteinander über die Partnerschaft und ihre Beziehung ins Gespräch zu kommen. Die Erfahrungen aus der Beratungspraxis zeigen, dass es für Ehepaare eine große Hilfe sein kann, lösungsorientierte Impulse von außen einzuholen. Manchmal hilft es, ein Buch über „Kommunikation" oder „Beziehungsgestaltung für Paare" gemeinsam zu lesen und darüber ins Gespräch zu kommen.

- *Zuhören lernen.* Vielleicht fällt es Ihnen momentan sehr schwer, miteinander über Erziehungsfragen ins Gespräch zu kommen, weil es eine Vielzahl anderer Themen in Ihrer Beziehung gibt, die eine Lösung brauchen.

  Keine Sorge. Miteinander reden können Sie dadurch lernen, dass Sie beginnen, einander zuzuhören. Nehmen Sie sich dazu eine halbe Stunde Zeit. Legen Sie fest, wer beginnt. Der zuhörende Partner sollte ohne Kommentar interessiert darauf hören, was ihm der erzählende Partner mitteilt. Wichtig sind nicht nur die Sachaussagen, sondern auch die mitgeteilten Gefühle und Einstellungen. Dann wechseln die Rollen für die nächsten 15 Minuten. Dies können Sie eine weitere halbe Stunde so fortsetzen. Manche Paare machen die Erfahrung, dass sie spätestens nach eineinhalb Stunden sehr müde sind. Sie müssen bei diesem Zuhören keine Konflikte klären. Das Ziel ist, dass Sie sich gegenseitig wahrnehmen und verstehen.

- *Hilfe annehmen.* Und wenn Ihr Partner/Ihre Partnerin Mühe hat, sich darauf einzulassen? Wenn Ihr Partner/Ihre Partnerin zögert oder sich ganz gegen solche Gespräche entscheidet? Dann ist es dennoch wichtig, dass Sie sich Gutes tun. Lernen Sie, sich aus neuem Blickwinkel wahrzunehmen und zu verstehen. Zum Beispiel durch ein Beratungsgespräch bei einer Beratungsstelle. So können Sie lernen, Ihre Ängste, Ihre Lebensgeschichte, Ihre Ehe- oder Arbeitssituation besser zu verstehen. Dies hilft Ihnen, Ihr bisheriges Erleben klarer zuzuordnen und neues Verhalten zu wagen. Das Miteinander wird dadurch vielleicht nicht leichter, aber Sie finden für sich mehr Argumente und können Ihr eigenes Handeln besser abschätzen.

- *Sich mit Gleichgesinnten zusammentun.* Vielleicht wollen Sie hauptberuflich im Bereich von Erziehung oder Schule Strategien von PEP4Teens umsetzen, aber es fällt Ihnen schwer, Ihren Arbeitgeber oder Ihre Kollegen zu motivieren? Dann bleiben Ihnen dennoch Felder, in denen Sie an der Verbesserung der Beziehung zu den Teenagern arbeiten können. Das gilt auch, wenn nicht alle Kollegen an einem Strang ziehen. Die Grundregel lautet hier: Beginnen Sie mit einem oder zwei Kollegen, die Ihre Überzeugung teilen, dass positive Beziehungen zu den Teenagern in der beruflichen Aufgabe durch nichts zu ersetzen sind. Gemeinsam können Sie wichtige Abschnitte des Programms durcharbeiten. Denken Sie daran, ein kleiner Schritt – gerade dann, wenn er unter ungünstigen Rahmenbedingungen gelungen ist – bedeutet mehr als zu resignieren und aufzugeben. Positive Erfahrungen werden Sie in Ihrer Aufgabe stärken.

- *Selbst beginnen.* Ich möchte Ihnen Mut machen: Wagen Sie den Schritt und nutzen Sie die Erkenntnisse des PEP-Erziehungsprogramms für sich selbst. Haben Sie Geduld mit Ihrem Partner und überzeugen Sie ihn durch Ihr Vorbild. Sie können sich auch an einen der PEP-Trainer wenden, wenn Sie niemanden haben, der mit Ihnen einen Elternkurs besuchen möchte. Vielleicht findet sich ein weiterer „Solist", mit dem Sie sich die Kosten teilen können. Oder Sie besuchen einen kostenlosen und unverbindlichen Informationsabend und holen sich so Motivation und Ideen. Termine finden Sie auf der Internetseite www.pep4teens.de.

✐ Übung 28: Unterstützung suchen

Wann und wo können wir ein gemeinsames Gespräch führen, in dem wir uns zuhören lernen?

_____

_____

_____

_____

Mit wem könnte ich Kontakt aufnehmen, um meine Gedanken zu teilen? Wen könnte ich zu einem Elterntraining mitnehmen?

_____

_____

_____

_____

Vermeiden Sie Eltern-/Ehe- und Teamkonflikte vor Ihrem Teenager

Streiten Sie nicht vor den Teenagern. Nehmen Sie sich genügend Zeit, wiederkehrende Konflikte in Abwesenheit der Teenager zu diskutieren, und suchen Sie ggf. auch Hilfe von außen durch einen Seelsorger oder Berater.

Und wenn es zu einem offenen Konflikt mit einem unschönen Wortwechsel in der Öffentlichkeit der Familie oder der Gruppe gekommen ist? Dann ist es wichtig, dass Sie – wenn irgend möglich – diesen Konflikt klären und die Klärung und Versöhnung ebenso in der Öffentlichkeit der Familie oder Gruppe (bei den Kindern) bekannt geben. Dies nimmt den Teenagern ihre Verunsicherung („Trennt ihr euch nun?") und ermöglicht es, zu einer entspannten Familien- und Gruppenatmosphäre zurückzukehren.

Sonja und Helmut streiten sich immer wieder beim Essen, weil sie unterschiedliche Ansichten über die Organisation des Haushaltes und die Erziehung der Kinder haben. Beide vereinbaren miteinander ein Zeichen und einen festen Gesprächszeitpunkt. Immer, wenn sich ein Streit anbahnt, ist das Wort „Stopp" das vereinbarte Signal, dass sie den Konflikt sofort abbrechen und – das ist entscheidend – zum vereinbarten Zeitpunkt besprechen. Zudem treffen Sie sich über den Zeitraum von einem halben Jahr einmal im Monat bei einem Eheberater, um die immer wiederkehrenden Meinungsverschiedenheiten zu besprechen und gemeinsame Lösungen zu finden. Seitdem sind einige der Konfliktfelder spürbar entschärft. Zweimal im Jahr nehmen sie eine „Elternzeit". Sie fahren ins Ferienhaus eines Freundes und sprechen gezielt die Themen durch, die sie beide gesammelt und miteinander vereinbart haben.

✐ **Übung 29: Erziehungskonferenzen vorbereiten**

Über welche Themen geraten wir immer wieder in Meinungsverschiedenheiten?

_____

_____

_____

_____

Welche Themen wollen wir miteinander besprechen?
Mutter/Frau/Erzieherin

_____

_____

_____

_____

Vater/Mann/Erzieher

_____

_____

_____

_____

Wann und wo werden wir miteinander darüber sprechen?

_____

_____

Nutzen Sie Ihr soziales Netz

Für jeden, der sich der anspruchsvollen Aufgabe der Erziehung von Teenagern stellt, gilt: Nutzen Sie Ihr soziales Netz. Ganz besonders aber sind Alleinerziehende auf die Unterstützung durch andere angewiesen. Sicher gibt es an Ihrem Wohnort andere Familien oder Alleinerziehende mit Teenagern im gleichen Alter. Selbst wenn Sie einige Kilometer fahren müssten – es lohnt sich, Familien zu kennen, die in einer ähnlichen Situation sind wie Sie.

Sprechen Sie Familien in Ihrer Nachbarschaft an. Sie trauen sich nicht? Das ist nachvollziehbar. Wer möchte schon über eigene Krisensituationen mit den Kindern reden. Doch Sie werden staunen: Anderen geht es ganz ähnlich wie Ihnen. Auch in anderen Familien eskalieren Konflikte, knallen Türen oder es gibt beschädigte Wände, Wutausbrüche, Gefühle der Verzweiflung und Hilflosigkeit. Andere ähnlich betroffene Eltern können hier stützend wirken und in gutem Sinne trösten. Und zu wissen, dass ein Netzwerk von Bekannten am eigenen Ergehen Anteil nimmt, ermutigt, weiterzumachen und die Hoffnung nicht aufzugeben.

Inge hat immer wieder Schwierigkeiten mit ihren Knien. Die Ärztin schlägt ihr eine Operation vor. Dies würde aber bedeuten, dass sie drei Tage in die Klinik müsste. Nun fragt sie ihre Bekannte Sonja, ob ihre Kinder in dieser Zeit bei ihr übernachten können und von ihr versorgt werden. Sie traut sich das, weil sie Sonja vor drei Monaten bei deren Umzug geholfen, gekocht, deren Kinder und Hund betreut und dafür extra 2 Tage Urlaub genommen hatte.

Nehmen Sie sich Zeit für sich

Wenn die Anforderungen des Alltags – gerade bei Alleinerziehenden – überhand nehmen oder die Beziehung zum Partner im eingefahrenen Trott verläuft, die Außenkontakte sich auf wenige Highlights beschränken – dann kommt manchmal das Gefühl auf: „Und wo bleibe da ich? Ich muss immer nur funktionieren! Aber wo kann ich selbst auftanken?"

Spätestens dann, wenn Sie sich bei solchen Gedanken ertappen, ist es höchste Zeit, nach einer Nische zu suchen. Und wenn es nur eine kleine Nische ist, in der Sie das tun können, was Sie aufbaut und Ihnen gut tut: etwas basteln, in der eigenen Werkstatt hantieren, eine kurze Reise, mit Freunden weggehen, ausschlafen, im Cafe an der Ecke einen Zwischenstopp einlegen, auf einem anderen Weg als üblich nach Hause gehen und einen Schaufensterbummel einlegen, Sport treiben, Musik hören oder machen oder als Erzieher einen Tag Urlaub einreichen.

Natürlich soll man nichts übertreiben. Das erste PEP-Basic (Bejahe deine Zuständigkeit als Vater/Mutter für deinen Teenager) soll nicht gefährdet werden. Aber ohne solche stressfreien „Alltagsinseln", in denen Sie Ihren Energietank wieder auffüllen, wird auch Ihre Fähigkeit leiden, für Ihre Teenager wirklich zuständig zu sein. Eine ständig überforderte Mutter, ein nur noch überlasteter Vater sind in Gefahr, in schwierigen Situationen überzureagieren und Konflikte zu verschärfen, statt ihren Kindern Orientierung und damit Unterstützung zu bieten.

Nehmen Sie sich ernst und nehmen Sie sich hin und wieder bewusst eine „Auszeit". Sorgen Sie dafür, dass Sie Ihre Teenager bei Freunden oder Verwandten für ein Wochenende unterbringen können. Oder überlegen Sie, wen Sie für ein Wochenende einladen könnten, mit Ihrer Familie zu wohnen. Nicht um die Teenager zu erziehen, sondern einfach nur, um da zu sein. Bieten Sie im Gegenzug ähnliche Unterstützungsleistungen an. So „wäscht eine Hand die andere".

Kapitel 15: Vergeben – eine Grundlage für gelingende Beziehung

Immer wieder kommt es vor, dass man sich in der Familie gegenseitig verletzt: die Eltern die Kinder, die Kinder die Eltern und die Kinder und Eltern untereinander. Sicher erfolgt die Klärung der Situation manchmal spontan: Man entschuldigt sich unter vier Augen oder signalisiert Verzeihen durch eine entsprechende Geste. Ist aber die Verletzung familien-öffentlich geworden, stellt die Familienkonferenz einen guten Ort dar, diese Sache zu klären und gegenseitig um Verzeihung zu bitten oder Verzeihung zu gewähren.

Anika hat ihren Bruder Jan vor dessen Freunden bloßgestellt. Die 5 in Englisch war ihm sehr peinlich und er konnte dies vor seinen Freunden bisher verbergen. Auf dem Nachhauseweg waren sie alle zusammen und Anika ließ anklingen, dass wohl bald die Versetzung gefährdet sei, wenn ihr Bruder weiterhin Fünfen in Englisch erhält. Jan ist etwas schüchtern und fand keinen Mut, dies seiner rede- gewandten Schwester gegenüber an- zusprechen. Nur seine Mutter wusste bisher davon. Sie macht ihm Mut, das Thema auf die Tagesordnung der Fami- lienkonferenz zu setzen. Sonja baut Jan im Gespräch eine Brücke, ohne Partei zu ergreifen. Es dauert kurz, bis Anika ein Einsehen hat. „Entschuldige bitte", sagt sie. Jan antwortet: „Ist okay." Und dabei geben sie sich die Hand.

Klären und Verzeihen sind wichtige Schritte zu einem gelingenden Familienleben. Den meisten Menschen fällt es schwer, offen auszusprechen, dass man verletzt ist oder ein Konflikt unbereinigt im Raum steht. Ein solches Gespräch erfordert ein Klima gegenseitigen Vertrauens. Teenager achten sehr genau darauf, wie es Eltern oder Erzieher miteinander in diesen Punkten halten. Schaffen sie es selbst, ihre Konflikte zu bereinigen und sich gegenseitig zu verzeihen? Teenager reagieren an dieser Stelle sensibel auf uns als „Modelle".

Familien, denen es gelungen ist, Vergebung einzuüben, erleben dies als nach- haltigen Impuls für eine entspannte Familienatmosphäre. Spätestens an dieser Stelle wird deutlich, wie wichtig es für die Beteiligten ist, sich gegenseitig zu res- pektieren und die Gefühle des anderen sowie sein Recht auf seine eigene Sicht der Dinge ernst zu nehmen.

Einander zu verzeihen kann in der Familienkonferenz sogar einen festen Platz finden. Sie könnten zu Beginn der Zusammenkunft fragen: „Gibt es etwas, was zwischen uns steht und was wir bereinigen sollten?" oder: „Hat jemand ein An- liegen, für das er einen anderen um Verzeihung bitten will?"

Wenn Versöhnung schwer fällt

Manchmal gibt es Situationen, in denen der Schritt zur Versöhnung sehr schwer fällt. Zu oft wurde man verletzt, die Kraft zur Versöhnung fehlt. Wie kann es dann weitergehen?

- Versuchen Sie, Ihre Situation, Ihre Gedanken und Ihr Problem ruhig *schriftlich auszuformulieren*. Sie müssen ein solches Schreiben niemandem zeigen und können es später wieder vernichten.
- Entdecken Sie ein *weisheitliches Prinzip:* Wem selber von Gott viel vergeben worden ist, dem fällt es leichter, sich selbst und anderen zu verzeihen oder die Unversöhnlichkeit des anderen auszuhalten.[3]
- Manchmal ist man wie gefangen in einem Kreislauf negativer Gedanken. Solche grüblerischen Gedanken können sich in einem stillen Gespräch mit Gott ordnen. *Sich Gott anzuvertrauen* haben viele Menschen als hilfreiche Ressource entdeckt.
- Zögern Sie nicht, *Hilfe von außen* in Anspruch zu nehmen. Eine solche Außensicht kann zur Klärung beitragen und Druck aus dem Konflikt herausnehmen.

Helmut: „Liebe Anika, lieber Jan. Ihr wundert euch sicher, dass ich in unserer Familienkonferenz heute so förmlich bin. Aber ich habe ein wichtiges Anliegen und es fällt mir nicht leicht, darüber zu reden."

Anika (etwas gedehnt und schnippisch): „Soooo?"

Helmut (schluckt etwas, reißt sich aber dann zusammen und sagt mit etwas unsicherer Stimme): „Ja. Gestern Abend habe ich euch beide ziemlich übel angeschrieen und beleidigt ..."

Anika: „Gestern??? Dass dir das überhaupt noch auffällt ..."

Helmut: „Du hast Recht. Mir gehen in letzter Zeit die Nerven schnell durch. Ich habe so viel Stress in der Arbeit und befürchte, dass ich demnächst auch entlassen werde wie Onkel Rudi. Ich bitte euch um Verzeihung, dass ich gestern so ungerecht war und euch sogar beleidigt habe. Das tut mir wirklich Leid. Ich will mich bemühen, in Zukunft besser darauf zu achten, was ich sage. Könnt ihr diese Entschuldigung akzeptieren?"

Anika: „Na ja – wenn wir dich bei Gelegenheit daran erinnern dürfen ..."

Jan: „Also von mir aus ist das okay. Eigentlich finde ich es gut, dass du nicht einfach so drüber hinweggehst."

✐ **Übung 30: Vergebung einüben**

Wie lösen Sie in der Familie oder Gruppe üblicherweise Konflikte oder klären Missstimmungen?

_____

_____

_____

_____

Wie bewerten Sie Ihre bisherigen Lösungswege?

_____

_____

_____

_____

Wo oder wie haben Sie Vergebung bisher schon praktiziert oder in welcher Situation könnten Sie dies tun?

_____

_____

_____

_____

Wie könnten Sie die Grundhaltung des Vergebens und Verzeihens weiter fördern?

_____

_____

_____

_____

Kapitel 16: Risiken erkennen und vermeiden

Teenager benehmen sich oft so, als seien sie allen Erwachsenen haushoch überlegen. Sie wollen stark, selbstständig und unabhängig sein. Dieses „Ich-bin-ei-
gentlich-viel-erwachsener-als-du"-Gehabe kann Eltern und Erziehende verführen,
zu unterschätzen, dass es jede Menge riskanter Situationen gibt, in denen der
Teenager nach wie vor die Unterstützung durch die Erwachsenen benötigt.

Gefahren im Alltag

Es gibt viele Plätze und Situationen, in denen Jugendliche Risiken ausgesetzt sind.
Im elterlichen Haushalt. Sicher sind in der eigenen Wohnung die haupt-
sächlichen Gefahrenquellen nicht mehr eine ungesicherte Steckdose oder eine
Schere, wie bei kleinen Kindern. Doch bietet der häusliche Alltag genügend
Risiken, die der Teenager richtig einschätzen lernen muss. Wie geht man mit
einem Motorrasenmäher oder elektrischen Geräten wie der
Bohrmaschine um? Wie hantiert man mit offenem
Licht und Feuer in der Wohnung? Wie bedient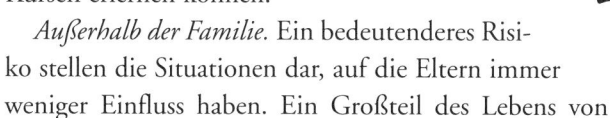
man den Feuerlöscher im Notfall? Wie leistet
man bei Verletzungen oder Verbrennungen
erste Hilfe? Es gehört zur Verantwortung der
Eltern, auch diese Dinge ihren Teenagern bei-
zubringen oder aber Voraussetzungen dafür
zu schaffen, dass sie es in entsprechenden
Kursen erlernen können.
Außerhalb der Familie. Ein bedeutenderes Risi-
ko stellen die Situationen dar, auf die Eltern immer
weniger Einfluss haben. Ein Großteil des Lebens von
Teenagern findet nicht mehr innerhalb der Familie statt, sondern außerhalb, in der
Gruppe der Gleichaltrigen (Peers). Dort anerkannt zu sein, eine sichere Position
zu finden und zu behalten, hat für Teenager einen hohen Stellenwert. Die
Meinung der Gleichaltrigen hat in dieser Phase oft ein stärkeres Gewicht als eine
Belohnung durch die Eltern.
Die Gefahren lauern im Alltag. Es kann der Pausenhof oder die Tankstelle um
die Ecke sein, wo über Drogen gesprochen wird und Ihrem Teenager vielleicht
Zigaretten, „Gras" oder noch härtere Rauschmittel angeboten werden. Brenzlig
wird es auf der Geburtstagsparty des Klassenkameraden, zu der ein Freund heimlich Schnaps aus Opas Theke mitbringt und Alkohol zur normalen Partydroge

wird. Oder während des gemeinsamen Wochenendausflugs mit dem Verein, wenn ältere Zimmergenossen Internetseiten mit pornographischen Darstellungen aufrufen – gerade in der Zeit der sexuellen Entwicklung prägen sich solche Bilder intensiv ein und können auf die spätere Beziehungsgestaltung massiv Einfluss nehmen. Gefahr entsteht im lockeren Gespräch durch die Einladung zu einem sexuellen Abenteuer ohne Liebe und ohne Verhütung. Es ist vielleicht der Bekanntenkreis, in dem Gewalt verherrlicht wird und der dem Teenager bei seiner Identitätssuche eine Perspektive vermittelt, die Ihren Wertvorstellungen als Eltern entgegengesetzt ist.

Schnell wird klar: Als Eltern und Erzieher können Sie solche Einflüsse nicht unterbinden. Sie können Ihre Meinung sagen, Position beziehen. Aber verhindern können Sie diese Risikosituationen nicht.

Starke Teenager begegnen Risiken überzeugend

Sie sind als Erwachsene dennoch nicht zum Zuschauen verurteilt. Sie können Ihre Teenager auf Risikosituationen vorbereiten, indem Sie ihr Selbstbewusstsein fördern, sie in ihrer Urteilsfähigkeit unterstützen und herausfordern.

Starken Teenagern gelingt es in solchen Risikosituationen eher, riskante Angebote auszuschlagen. Sie haben meist schon als Kinder gelernt, Ja und Nein zu sagen, sich abzugrenzen und für andere da zu sein, eigene Bedürfnisse zu erkennen und einzufordern, aber auch im Interesse der Gemeinschaft auf diese zu verzichten. Sie können sich besser gegen den Gruppendruck entscheiden – und das aus eigener Überzeugung und aus eigener Motivation heraus.

Dem Teenager in dieser wichtigen Entwicklung seiner Persönlichkeit zu helfen, ist eine große Herausforderung. Die Übungen und Gedanken aus den vorangegangenen Kapiteln sind in ihrer Gesamtwirkung auch konkrete Hilfen für diese Aufgabe.

Anika hat vor wenigen Tagen mit ihrer Mutter über ihre Chancen bei Jungen gesprochen. Als ihre Clique bei der Maiparty in einer Hütte ist, macht ihr der attraktivste ihrer Klassenkameraden ein eindeutiges Angebot. Anika lehnt es ab, mit ihm zu schlafen, weil sie sich dies für eine spätere Ehe bewahren möchte. Zwei ihrer Klassenkameradinnen finden das doof. Sie riskiert es, von den Jungs künftig als „verklemmte Zicke" verspottet zu werden. Sie tut dies, weil ihr ihre Überzeugung wichtiger ist.

Jan soll für einen Klassenkameraden einen Film „schwarz" kopieren. Er lehnt dies ab, weil er ehrlich bleiben will. Er bleibt bei dieser Haltung auch dann, als ihm fürs Kopieren der DVD 5 Euro angeboten werden. Mit seiner Mutter zusammen entwickelt er den Plan, den Film mit ihrem Ausweis bei der Videothek auszuleihen und mit den Freunden gemeinsam eine Filmnacht im Wohnzimmer zu veranstalten.

Anika und Jan haben von Helmut und Sonja gelernt, dass sich ein solches Verhalten lohnt und sich auf die Beziehungen zu anderen Menschen positiv auswirkt. Das Verhalten ihrer Eltern war an diesen Stellen für sie bisher glaubhaft und deshalb haben sie ein Gespür für diese ethischen Entscheidungen entwickeln können.

Wie können Sie mit Risikosituationen umgehen? [4]

Eltern und Erzieher können aktiv und vorbeugend handeln. Sie können:

● *Vorhersehen*
Manchmal spürt man als Bezugsperson zum Teenager, womit sich dieser gerade beschäftigt und welche Themen bei ihm aktuell sind. Seien Sie aber sensibel bei der Frage, wann und wie Sie Dinge, die Sie wahrgenommen haben, ansprechen wollen und können.

● *Rat einholen*
Oft ist es eine gute Hilfe, sich mit anderen Eltern, die schon ältere Kinder haben, auszutauschen. Dies gibt Ihnen Ideen und weitere Informationen für den Umgang mit dem aktuellen Problem.

● *Fachinformationen besorgen und lesen*
Besorgen Sie sich Bücher und Broschüren, die man kostenlos bei Beratungsstellen (Sucht- und Drogenberatung oder Erziehungsberatung) erhält. Wir machen Ihnen Mut, sich damit zu beschäftigen, um selbst Sicherheit im Umgang mit risikoträchtigen Themen zu gewinnen. Je informierter Sie sind, desto leichter fällt das Gespräch über diese heiklen Fragen mit Ihrem Teenager.

● *Reden*
Die wichtigste „Vorbeugungsmaßnahme" ist es, dass Sie mit Ihrem Teenager über mögliche Gefahren ins Gespräch kommen. Es kann sogar gut sein, dass er Bedenken, die Sie äußern, nicht teilt. Dass er beispielsweise mit dem Rauchen nicht aufhört. Aber es ist wichtig, dass er Ihre Bedenken verstehen lernt. Sie vermitteln ihm dadurch die Überzeugung, die Sie haben, die Norm, die Ihnen wichtig ist. Und dies gibt bereits eine wichtige Orientierungshilfe. Versuchen Sie dabei einen partnerschaftlichen Ton zu treffen.

Helmut fragt seinen Sohn, als sie gemein- sogar jemand eingestellt haben, damit
sam die Hecke schneiden: „Sag mal, Jan, Schüler Drogen vermeiden. Sprecht ihr im
gibt es eigentlich an eurer Schule auch ein Unterricht darüber? Wie stehst du zu
Drogenproblem? In der Zeitung wird be- diesen Dingen?"
richtet, wie sie an einer anderen Schule

● *Regelmäßiger Austausch*

Laden Sie Ihren Teenager beispielsweise dazu ein, im Rahmen der Familienkonferenzen immer wieder über neuere Erfahrungen oder Informationen zu Risiko-
Themen zu berichten. Sie können auch gemeinsam Informationsveranstaltungen
besuchen. Vereinbaren Sie mit Ihrem Teenager eine Regel, was er tun soll, wenn
etwas Unerwartetes in diesem Bereich geschieht. Das hat auch den guten Effekt,
dass Ihr Sohn, Ihre Tochter sich selbst bereits mit möglichen Verhaltensalter-
nativen auseinander setzt, bevor eine riskante Situation auftritt. Und es bietet eine
gute Gelegenheit zum Gespräch.

Benennen Sie in solchen Gesprächen Risikosituationen konkret und ohne
Wunschdenken. Ihr Teenager muss wissen, dass Drogen keine Spielerei sind.
Reagieren Sie auch deutlich, wenn etwas schief gelaufen sein sollte. Wichtig ist das
Signal an den Teenager: „Wir sind immer für dich da" (vgl. dazu auch PEP-
Grundregel 1 in Kapitel 1). Wenn der Teenager spürt, dass die Eltern dies nicht
nur dahersagen, sondern glaubhaft dahinter stehen, schafft dies Vertrauen und Of-
fenheit gerade in Krisenzeiten.

Hilfreiche Sätze für Eltern können sein:

● Wenn du zu viel getrunken hast, dann ruf lieber an, wir holen dich ab.
● Bevor du in ein Auto steigst, das ein anderer, der Alkohol getrunken hat,
  fahren will – rufe an. Wir holen dich ab.
● Bevor du dich auf etwas einlässt, wobei du kein ruhiges Gewissen hast, sprich
  mit uns.
● Wenn etwas schief gegangen ist, lass es uns wissen: Wir verabreden, dass du
  jederzeit mit uns darüber sprechen kannst. Wir werden dir keine Vorwürfe
  machen, sondern mit dir nach Wegen suchen, aus der Sache heraus-
  zukommen.

✎ **Übung 31: Teenager stark machen gegen Risikosituationen**
Welche Risikosituationen fallen mir im Blick auf unseren Teenager ein?

_____

_____

_____

_____

Welche Informationen haben wir als Eltern bisher darüber?

_____

_____

_____

_____

Wo könnten wir uns weitere Informationen beschaffen?

_____

_____

_____

_____

Wie sprechen wir dieses Thema mit unserem Teenager an?

_____

_____

_____

_____

Kapitel 17: Telefon-Coaching nutzen

Nun haben Sie die vier Teile des Positiven Erziehungs-Programms PEP4Teens durchgearbeitet, mit Ihrem Partner oder im kleinen Kreis die Übungen besprochen oder an einem PEP4Teens-Elterntraining teilgenommen. Vieles haben Sie entdeckt, einige neue Haltungen haben Sie eingeübt. Manches war Ihnen bekannt, anderes haben Sie sich für die weitere Erziehungsarbeit fest vorgenommen.

Das Positive Erziehungs-Programm PEP4Teens ist jetzt aber noch nicht abgeschlossen. In einem Telefon-Coaching haben Sie die Chance, sich bei der Umsetzung des Gelernten persönlich begleiten und unterstützen zu lassen.

Worauf zielt das Telefon-Coaching?

Sie erhalten Unterstützung in Ihrem Bemühen, Ihre Ziele konkret zu benennen und konsequent daran zu arbeiten.

Die Trainer werden keine Erziehungsberatung geben. Vielmehr helfen Sie Ihnen, die Erziehungsstrategien von PEP4Teens in Ihre individuelle Familiensituation zu übertragen und die von Ihnen festgelegten Ziele und geplanten Schritte konkret umzusetzen. Die Aufgabe des Trainers besteht darin, Sie auf bekannte Inhalte hinzuweisen und gemeinsam zu überlegen, wie Sie das Bekannte in Ihrer Situation verwirklichen können. Das Telefon-Coaching können Sie jederzeit beenden.

Wie vereinbaren Sie ein Telefon-Coaching?

- Sie haben an einem PEP4Teens-Elternprogramm teilgenommen. Dann können Sie sich jetzt einfach in die am vierten Abend ausgegebene Liste der Termine für vier Telefon-Coachings eintragen und zum vereinbarten Zeitpunkt Ihren Trainer anrufen. Für Teilnehmer an einem PEP4Teens-Elternprogramm entstehen keine Kosten für das Telefon-Coaching.
- Sie haben das Arbeitsbuch allein zu Hause oder in einem kleinen Kreis zusammen mit anderen Eltern von Teenagern oder im Kreis Ihrer Kollegen bearbeitet. Dann steht Ihnen das Telefon-Coaching ebenso offen. Wenden Sie sich an einen der ausgebildeten PEP-Trainer (siehe Internetseite: www.pep4teens.de) oder fordern Sie beim Autor eine Trainerliste an und vereinbaren Sie entsprechende Termine. Dabei können Sie auch die Kosten für diesen Service erfragen und alles Weitere klären. Eine Vereinbarung von Telefonterminen ist in der Regel kurzfristig möglich.

Jetzt wird's konkret: Schritte zur Umsetzung

Vorbereitung für das 1. Telefon-Coaching im Rahmen des Elterntrainings

Wenn Sie das Telefon-Coaching im Rahmen des Elterntrainings in Anspruch nehmen wollen, dann sollten Sie weiter PEP4Teens-Strategien üben und schon an diesem vierten Kursabend das Gespräch mit dem Trainer vorbereiten.

Führen Sie eine „Erziehungskonferenz" durch, an der die Kinder nicht teilnehmen. Das Ziel ist, miteinander über die Themen des PEP4Teens-Programms ins Gespräch zu kommen. Nehmen Sie sich dazu mindestens eine halbe Stunde Zeit und sorgen Sie dafür, dass Sie ungestört reden können.

- Wählen Sie eine möglichst aktuelle Risikosituation aus.
- Suchen Sie nach zwei Strategien, die Sie in der nächsten Woche ausprobieren oder fortsetzen wollen.

Telefon-Coaching ohne Elterntraining

Entschließen Sie sich zum Telefon-Coaching ohne Elterntraining, dann können Sie sich auf folgendem Weg für diesen Kontakt vorbereiten:

Führen Sie eine „Erziehungskonferenz" durch, an der die Kinder nicht teilnehmen. Das Ziel ist, miteinander über die Themen des PEP4Teens-Programms ins Gespräch zu kommen. Nehmen Sie sich dazu mindestens eine halbe Stunde Zeit und sorgen Sie dafür, dass Sie ungestört reden können.

- Wählen Sie zwei Strategien aus diesem Buch aus, an denen Sie mit Ihrem Teenager arbeiten wollen. Notieren Sie Ihre Erfahrungen.
- Was gibt es seit Ihrer Lektüre des Buches positiv zu berichten? Was ist Ihnen vielleicht schon gelungen?

Die weiteren Informationen und die Arbeitsblätter finden sie im Anhang.

Wie geht es jetzt weiter?

- *Sie wollen ein PEP4Teens-Elterntraining besuchen oder vielleicht eines in Ihrer Nähe organisieren?*

Dann helfen Ihnen die PEP4Teens-Trainer weiter. Kontaktadressen finden Sie auf der Internetseite *www.pep4teens.de.* Einfach Kontakt aufnehmen, organisatorische Fragen klären und Termine verabreden.

- *Sie kommen aus einem psychosozialen Beruf, arbeiten schon länger mit Teenagern und/oder deren Eltern zusammen und würden sich gerne selbst zur PEP4Teens-Trainerin oder zum PEP4Teens-Trainer weiterbilden?*

Dann können Sie sich unter *www.pep4teens.de* über die nächsten Trainerkurse informieren. Durch diese Ausbildung erwerben Sie die Fähigkeit und das Recht, das PEP4Teens-Elterntraining durchzuführen. Bitte beachten Sie: PEP4Teens-Trainer vertreten ein christliches Erziehungsprogramm. Sie arbeiten auf der Basis christlicher Werte und aus einer persönlichen Glaubensüberzeugung heraus.

- *Sie wollen die Beispiele konkret vor Augen haben?*

Ergänzend zu diesem Buch gibt es eine DVD mit vielen filmischen Beispielen zu jeder Einheit. Diese können Sie im Internet unter *www.PEP4Teens.de* oder direkt *bei PEP4Teens, Weiler Schafhof 32, 73230 Kirchheim unter Teck* bestellen.

- *Sie haben auch noch jüngere Kinder?*

Informieren Sie sich über das Positive Erziehungsprogramm für Eltern von Kindern zwischen 2 und 12 Jahren unter: *www.pep4kids.de*

Kontakt zum Autor

Ich weiß nicht, welche der vielen Anregungen im PEP4Teens-Programm für Sie wichtig geworden sind. Ich würde mich freuen, wenn Sie mir Ihre Gedanken und Erfahrungen mitteilen: *wilfried.veeser@pep4teens.de* oder per Brief an *Wilfried Veeser, Weiler Schafhof 32, 73230 Kirchheim unter Teck.*

- Was war Ihre Ausgangssituation, bevor Sie mit diesem Buch und den PEP4Teens-Prinzipien gearbeitet haben?
- Welche Erfahrungen haben Sie mit den 7 Basics gemacht?
- Wie hat sich durch die Arbeit an den PEP4Teens-Strategien Ihre Beziehung zu Ihrem Teenager oder auch die Beziehung zu Ihrem Partner oder zu Kollegen entwickelt?
- Wie ging es Ihnen beim Üben, Üben, Üben?
- Was hat sich durch das PEP4Teens-Programm sonst noch verändert in den Begegnungen in der Familie, in der Freizeit oder auch am Arbeitsplatz?
- Welches waren für Sie die wichtigsten Bausteine des PEP4Teens-Programms?

Vielleicht haben Sie immer wieder gespürt: Teenager sind eine große Herausforderung. Sie fordern auch uns heraus, uns selber zu verändern. Das ist spannend. Das braucht Mut und Gelassenheit zugleich. Dazu wünsche ich Ihnen noch viele gute Erfahrungen.

Anhang

Anleitung zum Telefon-Coaching

Für jede Sitzung haben Sie jeweils 15 Minuten Zeit. Für den Erfolg des Coachings ist es wichtig, dass Sie mit dem PEP-Trainer die folgenden Punkte in der vorgegebenen Reihenfolge konsequent „abarbeiten".

● Das Telefon-Coaching beginnt in der Regel mit der Frage: „Was möchten Sie heute besprechen?" Wählen Sie die zwei oder drei Themen aus, die Ihnen jetzt wichtig sind.

● Was haben Sie sich zuletzt vorgenommen und wie ging es Ihnen damit? Was haben Sie bei der Umsetzung erlebt?

● Dann fragen wir Sie nach dem „Stand der Dinge". Die Frage lautet: „Was ist gelungen?" Notieren Sie zwei und mehr Punkte, bei denen Sie unabhängig von der Zielvereinbarung gute Erfahrungen beim Einsatz von PEP4Teens-Strategien gemacht haben.

● Anschließend treffen Sie die Entscheidung, welche der genannten Themen Sie anhand des PEP4Teens-Programms klären wollen.

● Dann werden neue Ziele für die nächste Woche oder die nächsten Tage vereinbart.

Das Telefon-Coaching ist dann effektiv, wenn Sie sich schriftlich darauf vorbereiten. So können Sie die 15 Minuten des Telefon-Coachings gut nützen. Benutzen Sie hierzu die vorgefertigten Arbeitsblätter.

Hinweis: Zu Beginn des ersten Telefon-Coachings werden wir Sie fragen, ob Sie das Elternbuch vor sich liegen haben.

1. Telefon-Coaching

Bereiten Sie das Telefon-Coaching vor und machen Sie sich Notizen.
Haben Sie das Arbeitsbuch vor sich?

Was möchte ich heute besprechen?

_____

_____

_____

Zielvereinbarungen aus der letzten Sitzung:

_____

_____

_____

Was ist der Stand der Dinge? Welche Methoden aus PEP4Teens habe ich sonst noch angewendet? Was ist gelungen (so viele Punkte wie möglich)?

_____

_____

_____

Was möchte ich jetzt besprechen?

_____

_____

_____

Zielvereinbarung für das nächste Telefon-Coaching:

_____

_____

2. Telefon-Coaching

Bereiten Sie das Telefon-Coaching vor und machen Sie sich Notizen.
Haben Sie das Arbeitsbuch vor sich?

Was möchte ich heute besprechen?

_____

_____

_____

Zielvereinbarungen aus der letzten Sitzung:

_____

_____

_____

Was ist der Stand der Dinge? Welche Methoden aus PEP4Teens habe ich sonst
noch angewendet? Was ist gelungen (so viele Punkte wie möglich)?

_____

_____

_____

Was möchte ich jetzt besprechen?

_____

_____

_____

Zielvereinbarung für das nächste Telefon-Coaching:

_____

_____

3. Telefoncoaching

Bereiten Sie das Telefon-Coaching vor und machen Sie sich Notizen.
Haben Sie das Arbeitsbuch vor sich?

Was möchte ich heute besprechen?

_____

_____

_____

Zielvereinbarungen aus der letzten Sitzung:

_____

_____

_____

Was ist der Stand der Dinge? Welche Methoden aus PEP4Teens habe ich sonst
noch angewendet? Was ist gelungen (so viele Punkte wie möglich)?

_____

_____

_____

Was möchte ich jetzt besprechen?

_____

_____

_____

Zielvereinbarung für das nächste Telefon-Coaching:

_____

_____

4. Telefoncoaching

Bereiten Sie das Telefon-Coaching vor und machen Sie sich Notizen.
Haben Sie das Arbeitsbuch vor sich?

Was möchte ich heute besprechen?

_____

_____

_____

Zielvereinbarungen aus der letzten Sitzung:

_____

_____

_____

Was ist der Stand der Dinge? Welche Methoden aus PEP4Teens habe ich sonst
noch angewendet? Was ist gelungen (so viele Punkte wie möglich)?

_____

_____

_____

Was möchte ich jetzt besprechen?

_____

_____

_____

Zielvereinbarung für die weitere Erziehungsarbeit:

_____

_____

Mit wem könnte ich diese Zielvereinbarung besprechen und weiter an meinen Zielen arbeiten (Bekannte aus dem Elterntraining, Freunde)?

_____

_____

Rückblick auf PEP4Teens (Was ist mir sonst noch aufgefallen?):

_____

_____

_____

_____

Was erwartet mich beim PEP4Teens-Elterntraining?

PEP4Teens ist ein Trainingsprogramm für
- Eltern
- Alleinerziehende
- Haupt oder ehrenamtlich Erziehende von Teenagern

PEP4Teens-Elterntraining

9 Termine in 9 Wochen

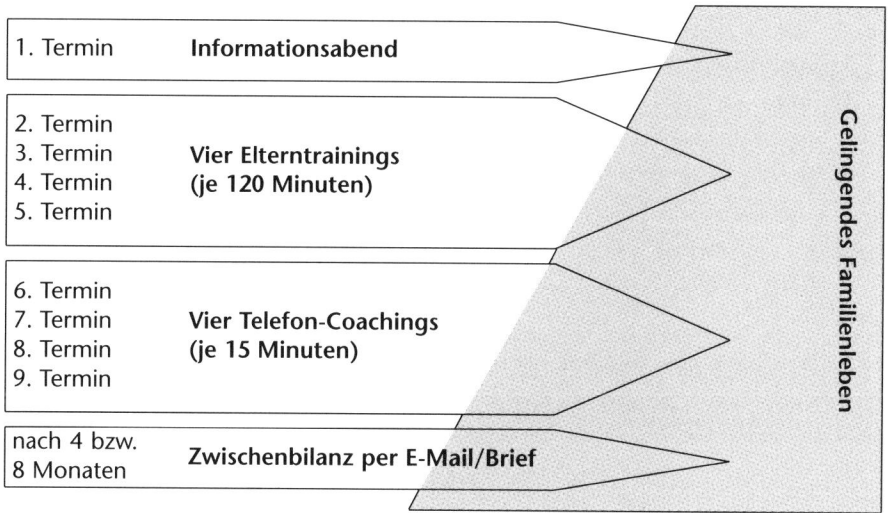

1. Termin	**Informationsabend**	
2. Termin 3. Termin 4. Termin 5. Termin	**Vier Elterntrainings (je 120 Minuten)**	**Gelingendes Familienleben**
6. Termin 7. Termin 8. Termin 9. Termin	**Vier Telefon-Coachings (je 15 Minuten)**	
nach 4 bzw. 8 Monaten	**Zwischenbilanz per E-Mail/Brief**	

Das Programm umfasst neun Termine:

1. Termin: Informationsabend:
Hier stellen PEP-Trainer die Grundprinzipien vor und machen vor allem eins deutlich: Erziehung beginnt bei der Beziehung. Welche Schritte können Eltern gehen, um die Möglichkeiten positiver Erziehung im Umgang mit ihren Teenagern zu nutzen?

2. bis 5. Termin: Vier Elterntrainings

2. Termin – Einheit I (120 Minuten):
- Die Grundlagen effektiver Elternschaft
- Ursachen für Verhaltensprobleme
- Ziele für Eltern und Teenager

3. Termin – Einheit II (120 Minuten):
- Wie entsteht eine positive Beziehung?
- Wie kann man neue Verhaltensweisen anstoßen und fördern?
- Welche Rolle spielen Werte- und Glaubensfragen in der Erziehung?

4. Termin – Einheit III (120 Minuten):
- Wie handelt man tragfähige Verträge und Absprachen mit dem Teenager aus?
- Die Familienkonferenz – einfach klasse!
- Wie kann man Problemverhalten ansprechen und überwinden?
- Bleiben sie „cool", auch wenn die Gefühle Ihres Teenagers manchmal nicht nachvollziehbar sind.

5. Termin – Einheit IV (120 Minuten):
- Achte auf dich selbst! Psychohygiene für Eltern und Erzieher.
- Vorausschauende Erziehung: Möglichkeiten, Risikosituationen zu vermeiden.
- Wie macht man Kinder stark gegen Alkohol und Drogen?
- Einander verzeihen – eine Wohltat für die Seele

6. bis 9. Termin: Vier Telefon-Coachings in vier Wochen

Hier wird's richtig spannend. Sie arbeiten an der Erreichung Ihrer persönlich gesetzten Ziele. Gerade dieses Telefoncoaching wird von den Teilnehmern als eine intensive Lernzeit mit neuen Erfahrungen und Einsichten erlebt. Viele entdecken, dass sich nicht nur die Beziehung zu den Teenagern ändert, sondern auch das eigene Verhalten. „Ich sehe vieles jetzt positiver!" „Ich hätte nie gedacht, dass sich tatsächlich etwas ändert – doch jetzt weiß ich, dass es möglich ist!" „Seit ich in mir ruhe, klappt's im Umgang mit meiner Tochter." So die Stimmen einiger Teilnehmer.

6. Termin: Erstes Telefon-Coaching (15 Minuten):
Die Aufgaben aus dem Seminar werden besprochen und neue Aufgaben/Ziele vereinbart.
Welche Erfahrungen mit PEP4Teens habe ich gemacht?
Was ist gelungen?
Was nehme ich mir für die nächste Woche vor?

7. Termin: Zweites Telefon-Coaching (15 Minuten):
Die neu gewonnenen Einsichten greifen. Spätestens jetzt macht man die Entdeckung: Erziehen macht wieder Spaß!
Ablauf wie im ersten Telefon-Coaching.
Was nehme ich mir für die nächste Woche vor?

8. Termin: Drittes Telefon-Coaching (15 Minuten):
Wer dran bleibt, merkt: Die Mühe lohnt sich. Weiter üben, üben, üben. Vieles gelingt schon auf Anhieb. Manches muss gezielt angegangen werden.
Ablauf wie im ersten Telefon-Coaching.
Was nehme ich mir für die nächste Woche vor?

9. Termin: Viertes Telefon-Coaching (15 Minuten):
Wichtige Änderungen im Miteinander sind gelernt. Die Stimmung hat sich in den vergangenen neun Wochen spürbar verbessert. Eltern und Teenager lächeln sich sogar häufiger an. Alle spüren: Wir schaffen dieses schwierige Wegstück und halten zusammen!
Ablauf wie im ersten Telefon-Coaching.
Zwischenbilanz:
Wie habe ich von PEP4Teens profitiert? Was hätte ich mir noch gewünscht?
Wie geht es weiter? Welche Ziele setze ich mir? Wer könnte mich dabei unterstützen?

Langzeitunterstützung: Zwischenbilanz per E-Mail/Brief
Nach vier und nach ca. acht Monaten nehmen wir mit denjenigen, die am Erziehungstraining teilgenommen haben, auf Wunsch noch einmal per E-Mail/Brief Kontakt auf, um am Thema zu bleiben. So haben die positiven Veränderungen die Chance, auf Dauer das Miteinander in der Familie zu prägen. Sie erhalten einen Fragebogen, mit dem Sie Zwischenbilanz ziehen können.

● Was hat sich tatsächlich verändert?
● Was waren Eintagsfliegen?
● Welche Ziele sind jetzt dran?
● Wer könnte mich dabei unterstützen?

Teenagerzeit – Hintergründe und Informationen

Das Positive Erziehungs-Programm PEP4Teens beruht auf Prinzipien und Methoden, die sich in vielen wissenschaftlichen Untersuchungen als wirkungsvoll erwiesen haben.[1]

Gelingendes Erziehungsverhalten der Eltern zeichnet sich durch eine Entscheidung aus: „Eltern, die ihrem Kind entwicklungsfördernde Unterstützung geben, *fühlen sich zuständig* und *stellen sich den Aufgaben*, die mit Erziehung und Beziehung verbunden sind. Sie sind bereit, ihren Lebensentwurf mit dem des Kindes zu verbinden und *Veränderungen in ihrem eigenen Leben zu akzeptieren*, ja diese sogar als individuelle Entwicklungschancen zu verstehen."[2]

Der Umgang mit kleineren Kindern

Das Baby und kleine Kind ist umfassend von den Eltern abhängig. Es braucht Versorgung durch die Eltern oder andere Bezugspersonen. Die Eltern strukturieren überwiegend den Alltag des Kindes – es zieht an, was Mama gefällt; es besucht Verwandte, die den Eltern wichtig sind; es geht dann mit zum Einkauf, wann es zum Programm der Mutter passt. Die Eltern nehmen direkten Einfluss auf das Verhalten ihres Kindes.

Natürlich gilt dies auch umgekehrt. Wie sehr dominiert das kleine Kind die Planungen von Mama und Papa bis in die persönlichsten Bereiche hinein, wenn es krank ist oder Angst hat! Die Eltern sind für das Kind ein einprägsames Modell, an dem es von klein auf lernt, wie „man" Konflikte löst, sich lieb hat, über andere Menschen spricht, Beziehungen gestaltet, Streit löst, sich in Stresssituationen verhält – am Modell lernt das Kind fundamentale Verhaltensmuster. Ob bewusst geplant oder einfach „nur" vorgelebt, die Eltern helfen dem kleinen Menschenkind, Wurzeln im Leben zu schlagen.[3]

Aber schon sehr früh beginnt der Prozess, in dem das Kind sich einen eigenen Platz in der Welt erwirbt und auf die Eigenständigkeit zustrebt, die es als Erwachsener benötigen wird. Schon ein zweijähriges Kind äußert konkrete Wünsche beim Spielen, will beim Essen selbstständig sein und bestimmen, mit welchem Nachbarkind es im Sandkasten zusammen sein will etc. Hier wachsen – für die Eltern oft unbewusst – Bedürfnisse nach Selbstständigkeit und Freiheit im Kind heran. Sobald die Mutter in diesen kleinen Mündigkeitsbereichen in bestimmender oder fürsorgender Haltung Vorschriften zu machen versucht, entwickelt das Kind Widerstand. Da es sich bei diesen kleinen Mündigkeitsbereichen für die

Mutter mehrheitlich um Nebenthemen handelt, lässt sie ihr Kind meist gewähren und ein Konflikt wird nicht deutlich sichtbar.

Die von den Eltern für das Kleinkind entwickelten Erziehungsmuster mit Schwerpunkt auf Versorgen und Bestimmen „funktionieren" in vielen Bereichen auch dann noch, wenn das Kind größer wird. Dem 11-jährigen Sohn kann der Vater noch sagen: „Hilf Mama beim Abwasch!" Und das Kind tut es in der Regel – wenn vielleicht auch widerwillig. Diese Art der Anpassung an den Willen der Eltern versichert viele Eltern, dass sich ihr Kind „positiv" entwickelt. Äußert es mit 7 oder 8 Jahren deutlich seine eigenen Bedürfnisse im Blick auf Spielinteressen, Freizeit mit Schulkameraden, sportliche Betätigungen, lassen sich Eltern noch relativ gerne darauf ein, da ihr Kind seinerseits auf lenkende Vorschläge und direkte Einflussnahme seiner Eltern konstruktiv reagiert.

Notwendige Veränderungen

Kinder reifen. Es kommt zu natürlichen, schon im Körperlichen ablesbaren Veränderungen: die Pubertät. Aus Mädchen werden junge Frauen und aus Buben junge Männer. Das Wachstum des Rumpfes und der Gliedmaßen, die Entwicklung der sekundären Geschlechtsmerkmale etc. werden von allen Beteiligten am deutlichsten wahrgenommen. Die Geschlechtsreife wird heutzutage in unserer Kultur bei Mädchen durchschnittlich schon ab 10 bis 13 Jahren, bei Jungen ab 12 bis 14 Jahren erreicht (Ausnahmen bestätigen die Regel).[4] Die geistige Reife hingegen kommt vielfach erst mit dem Abschluss der so genannten Adoleszenz zum Ziel.[5] In antiker biblischer Zeit war es umgekehrt. In der Regel fand die Entwicklung der geistigen Reife mit ca. 12 Jahren ihren Abschluss. Bis dahin hatte der Junge oder das Mädchen alles gelernt, was für das Leben notwendig war. Die Geschlechtsreife wurde vom jungen Mann dagegen erst mit ca. 17 bis 19 Jahren erreicht, bei Mädchen etwas früher. Stellte sich diese ein, wurde geheiratet.[6]

Teenager müssen Probleme bewältigen, die es früher so nicht gab

Die Probleme, die sich heute für Jugendliche ergeben können, kannten die Menschen in antiker Zeit nicht – beispielsweise: Wie gehe ich mit meiner Sexualität um, wenn sie einerseits voll entwickelt vorhanden ist, sie aber in „geordneten" Beziehungen erst nach Abschluss einer langen Ausbildungszeit lebbar ist?[7]

Aus Kindern werden Leute

Bei aller Verhandlungsbereitschaft fordert der Vater oder die Mutter von der 14-jährigen Tochter in bestimmten Bereichen noch Gehorsam ein – allerdings mit immer weniger Erfolg, dafür mit immer mehr Konflikten. Ein Machtkampf ist zwischen der Tochter und vor allem ihrem Vater ausgebrochen. Christliche Eltern zitieren vielleicht hier die Bibel mit einem Text, nach dem Kinder ihren Eltern Achtung entgegenzubringen und Gehorsam zu leisten haben (Epheser 6,2). Aber der Text des Apostels Paulus geht weiter: „Und ihr Väter, behandelt eure Kinder nicht ungerecht! Sonst fordert ihr sie nur zum Widerspruch heraus" (Epheser 6,4, Hoffnung für alle).

Das bedeutet: Eltern tragen Mitverantwortung dafür, wie das Miteinander in einer Familie gelingt – die Teenager sind nicht an allem schuld. Es gibt offenbar Verhaltensweisen der Eltern, die die Kinder zum „Widerspruch herausfordern". Nur, was bedeutet dies?

Wenn Eltern zum Widerspruch herausfordern

Ganz offensichtlich ist es ein bestimmtes Verhalten der Eltern, das die Kinder ärgert, sie verletzt und wütend macht. Fragt man heutige Teenager, was damit gemeint sein könnte, geben sie meist zur Antwort:
Wenn mir meine Eltern vorschreiben wollen,
- wer meine Freunde sind
- wie es in meiner Bude aussieht
- welche Klamotten ich anziehe …

Das bedeutet, Kinder werden zum Widerspruch herausgefordert, wenn sich Eltern in Bereiche einmischen, von denen ihre Teenager den Eindruck haben, dass sie selbstständig darüber entscheiden können. Teenager fühlen sich dann entmündigt.

Teenager wollen und können ihrem Alter entsprechend immer größere Bereiche ihres Lebens mündig gestalten, mitbestimmen und planen. Der Anteil der selbstständig gestalteten Lebensbereiche wird größer und größer, während die emotionale Abhängigkeit von den Eltern und die Fürsorge durch sie immer weiter abnehmen. Zwar sind Kinder auch im Alter von 18 Jahren in aller Regel wirtschaftlich noch auf die Ressourcen der Eltern angewiesen. Doch werden sie vor dem Gesetz als mündig angesehen.

Dieser Zuwachs an Selbstständigkeit und Mündigkeit erfordert auf der Seite der Eltern die Bereitschaft, das bisherige Erziehungsverhalten neu zu akzentuieren oder zu korrigieren. Eine gesunde Beziehung der Eltern zum erwachsen werdenden Kind wird immer mehr wegführen von der Versorgungshaltung. Sie wird sich in Richtung von mehr Partnerschaft im Zusammenleben mit dem Teenager und einer bewussten Vorbereitung auf und Übertragung von Verantwortung auf ihn entwickeln.[8]

Welche Aufgaben müssen Teenager bewältigen?

Im Folgenden finden Sie ein paar Hinweise aus der wissenschaftlichen Beschäftigung mit diesen Fragen:

- *Ablösung und Trennung vom Elternhaus:* Als kleines Kind einst eng mit der Mutter verbunden, wird das Kind und besonders der Jugendliche allmählich zu einer eigenständigen Person, die nicht mehr nur von seiner Herkunftsfamilie und der damit einhergehenden Versorgung abhängig ist. Jugendliche grenzen sich von elterlichen Anschauungen und Werten ab. „Die selbstverständliche Welthinnahme des Kindesalters (wird) abgeschlossen (…) und eine neue Einheit aus physisch-psychischen Erlebnis- und Selbsterfahrungen entsteht, die zur wachsend bewussten Entwicklung eines Ich-Gefühls führen, das die Abgrenzung von anderen Personen erlaubt und gerade dadurch die Aufnahme von selbst gewählten Beziehungen auf breiterer Basis ermöglicht."[9]
- *Erwerb von Selbstständigkeit und Mündigkeit* im Bereich von Gefühlen und sozialen Beziehungen. Dies wurde oben bereits beschrieben.
- *Suche nach einer eigenen Identität,* gerade auch in sexueller Hinsicht (Wer bin ich als Mann, wer als Frau?). Der Jugendliche entwickelt eine Identität der persönlichen Leitbilder, Werte und Normen und ein eigenes biographisches Bewusstsein. Mündigkeit und Autonomie bedeuten: „Ich bestimme selbst, was ich will, gemäß Kriterien, die ich selbst bestimmen kann."
- *Eingebundensein in die Gruppe der Gleichaltrigen* (Peergroup). Solche Gruppen bieten Sicherheit und Geborgenheit. Sie sind ein Übungsfeld für Unabhängigkeit und eine Quelle der Zustimmung und Anerkennung von Seiten der Nicht-Erwachsenen.
- *Veränderungen in der Art des Denkens.* Der Jugendliche kann Hypothesen über Problemlösungen aufstellen. „Er ist fähig, wissenschaftliche Überlegungen anzustellen, Schlüsse in formaler Logik auszuführen, und kann sich auf die Form einer Beweisführung beschränken, dabei den konkreten Inhalt ausschließen."[10]
- *Übernahme von Verantwortung,* auch als Vorbereitung auf eigenständige berufliche Tätigkeit.

Alles Hintergrundwissen und alle Kenntnis über die Prozesse, die Teenager und auch ihre Eltern durchlaufen, nützt jedoch im Erziehungsalltag wenig, wenn nicht eine gute Beziehung das Miteinander trägt. An diesem Punkt gilt es zu arbeiten. Dazu sind Eltern, Alleinerziehende und berufliche Erzieher eingeladen.

Im Rahmen gelingender Beziehungen fällt es allen Beteiligten leichter, das missverständliche Verhalten des anderen oder seine überraschenden Reaktionen so zu deuten und einzuordnen, dass das Miteinander bei allen Spannungen gelingt.

Positiv-Tagebuch		
Datum	Was war gut?	Meine Reaktion

Selbsteinschätzungshilfe: Wie (er)lebe ich meine religiösen Überzeugungen?

Frage	Antwort
Mir sind religiöse Wertvorstellungen wichtig und ich kann diese benennen.	++ ~~ --
Ich habe mich mit Fragen des Glaubens auseinandergesetzt.	++ ~~ --
In schweren Zeiten hilft mir mein Glaube.	++ ~~ --
Der Glaube gibt mir das Gefühl, angenommen zu sein und getragen zu werden.	++ ~~ --
Mit dem Glauben verbinde ich überwiegend angenehme Gefühle.	++ ~~ --
An die Zeit meiner eigenen religiösen Entwicklung denke ich gerne zurück.	++ ~~ --
Meine Erfahrungen mit religiösen Menschen sind überwiegend positiv.	++ ~~ --
Mein Partner und ich stimmen in religiösen Fragen überein.	++ ~~ --
Zu unserer Familie sollte aktive Beteiligung am kirchlichen Leben gehören.	++ ~~ --
Mir gelingt es, meine religiösen Erwartungen an mich selbst in meinem Alltag zu leben.	++ ~~ --
Ich möchte mit meinem Teenager über religiöse Fragen sprechen.	++ ~~ --
Der Glaube gibt mir Hoffnung und Zuversicht.	++ ~~ --
Glaube ist für mich eine Lebenshilfe.	++ ~~ --
Glauben möchte ich meinem Teenager im Alltag konkret vorleben.	++ ~~ --

++ = ich stimme voll zu   ~~ = ich weiß nicht recht   -- = ich stimme nicht zu
Markieren Sie Ihre Position im Rahmen dieses Spektrums.

Es gibt bei den Antworten kein richtig oder falsch. Ziel der Selbsteinschätzungshilfe ist es, dass Ihnen Erinnerungen, Gefühle und Erfahrungen mit diesen Themen bewusst werden. Diese beeinflussen unser Denken und Handeln in Fragen des Glaubens und der Werte ganz wesentlich. Ob Sie an der einen oder anderen Stelle eine Veränderung anstreben wollen, entscheiden alleine Sie. Wenn Sie wollen, können Sie in einer Familienkonferenz auch über Ihre Erinnerungen und Erfahrungen berichten. Diese Offenheit kann Ihrem Teenager helfen, von eigenen Erlebnissen und Gefühlen im religiösen Bereich zu erzählen.

Bestimmungen des Jugendschutzgesetzes zu Ausgehzeiten und Konsum von Alkohol und Tabak

Eine sehr gute Übersicht über dieses Thema und zum Jugendschutzgesetz bietet das Bayerische Landesjugendamt im Elternratgeber „Eltern im Netz" auf der Homepage *www.elternimnetz.de*. Dort werden nicht nur die Gesetzestexte in ihrer neuesten Ausführung erläutert, sondern Sie erhalten auch Anregungen und Ideen, wie Sie mit Jugendlichen umgehen können. Denn im Sinne des PEP4Teens-Programms gilt auch hier: Wenn die Beziehung stimmt, können Absprachen mit Jugendlichen über Ausgehzeiten, Alkoholkonsum und Rauchen gelingen.

Welche gesetzlichen Regelungen sind zu beachten?
Seit 1.4.2003 gelten die Bestimmungen des Jugendschutzgesetzes (JuSchG).
Aufenthalt in Gaststätten und Discotheken (§ 4 JuSchG)
- Kinder und Jugendliche unter 16 Jahren:
Ist nur in Begleitung einer personensorgeberechtigten oder erziehungsbeauftragten Person erlaubt oder wenn sie in der Zeit zwischen 5 Uhr morgens und 23 Uhr eine Mahlzeit oder ein Getränk einnehmen. Ausnahme: Diese Vorschriften gelten nicht bei Veranstaltungen eines anerkannten Trägers der Jugendhilfe wie Jugendzentren, Jugendverbänden, Jugendarbeit der Jugendämter und Kirchen.
- Jugendliche ab 16 Jahren:
Ist ohne Begleitung durch eine personensorgeberechtigte oder erziehungsbeauftragte Person zwischen 24 Uhr und 5 Uhr morgens nicht gestattet. Ausnahme: Eine Veranstaltung eines anerkannten Trägers der Jugendhilfe.
- alle Kinder und Jugendlichen:
Ist nicht erlaubt in einer Nachtbar oder einem ähnlichen Vergnügungsbetrieb.
Teilnahme an öffentlichen Tanzveranstaltungen (§ 5 JuSchG)
- Kinder und Jugendliche unter 16 Jahren:
Ist nur in Begleitung einer sorgeberechtigten oder erziehungsbeauftragten Person erlaubt. Ausnahme: Bei einer Veranstaltung eines anerkannten Trägers der Jugendhilfe oder wenn sie künstlerischer Betätigung oder Brauchtumspflege dient, ist Anwesenheit von Kindern bis 14 Jahre ohne Begleitung bis 22 Uhr und von Jugendlichen bis 24 Uhr erlaubt.
Aufenthalt an jugendgefährdenden Orten (§ 8 JuSchG)
Ist generell für alle Kinder und Jugendlichen verboten. Gemeint sind damit Orte, an denen der Prostitution nachgegangen wird, mit Drogen gehandelt wird etc.

Wie können Eltern die Ausgehzeiten praktisch regeln?
Eltern können die gesetzlichen Vorgaben beschränken (aber nicht ausweiten!). Verbote und Einschränkungen sollten Sie dem Alter und der Situation angemessen begründen. Sie können die Aufsicht auch einem Erwachsenen übertragen, der in Ihrem Auftrag Verantwortung und Aufsicht während der Ausgehzeit übernimmt. Da ein gewisses Autoritätsverhältnis zwischen Begleiter und Kind bestehen soll, kann nicht der volljährige Freund der Tochter mit dieser Aufsicht betraut werden. Als Nachweis empfiehlt sich eine schriftliche Vollmacht.

Bei allen Veranstaltungen oder Treffen im privaten Rahmen gelten keine Altersbegrenzungen, denn sie unterliegen der *Aufsichtspflicht* der Eltern oder der Erwachsenen. Dies gilt auch, wenn dazu Räume in einer Gaststätte angemietet werden.

Die Kontrolle dieser Altersbegrenzungen und Vollmachten liegt in der Verantwortung der Wirte, Discobetreiber und Veranstalter, die für die Einhaltung sorgen müssen. Ihre Verantwortung endet an der Ausgangstür, sodass Sie sich als Eltern um einen sicheren Heimweg Ihrer Kinder kümmern sollten.

Alkohol und Tabak

Grundsätzlich sind Verkauf und Konsum verboten. Ausnahme: Jugendliche über 16 Jahren dürfen Tabak, Bier, Wein und ähnliche Getränke erhalten und konsumieren.

Anmerkung: Zu allen diesen Fragen erhalten Sie auch bei Ihrem örtlichen Jugendamt Auskunft und Beratung.

Jugendschutzgesetz	Unter 16 Jahren	Ab 16 Jahren, unter 18 Jahren
Tabak	Kein Verkauf, kein Konsum	Verkauf und Konsum erlaubt
Bier, Wein etc.	Kein Verkauf, kein Konsum	Verkauf und Konsum erlaubt
Spirituosen, Alkopops	Kein Verkauf, kein Konsum	Kein Verkauf, kein Konsum
Filme und Computerspiele	Nur nach Alterskennzeichnung	Nur nach Alterskennzeichnung
Aufenthalt in Diskotheken	Nur in Begleitung eines Erziehungsbeauftragten	Bis 24 Uhr erlaubt
Aufenthalt in Gaststätten	Nur in Begleitung eines Erziehungsbeauftragten (Ausnahme: zwischen 5 und 23 Uhr darf eine Mahlzeit oder ein Getränk konsumiert werden)	Bis 24 Uhr erlaubt

Entnommen aus *www.bmfsfj.de*, der Internetseite des Bundesministeriums für Familie, Senioren, Frauen und Jugend, Stand: 5. September 2005

Anmerkungen

Anmerkungen zu Teil I:
[1] Vgl. Raser (1999) 10ff.
[2] Wie bedeutsam es ist, die Dimension des Glaubens und der Normen/Wertvorstellungen in die Erziehung mit einzubeziehen, machen unter den zitierten verschiedene Autoren deutlich: Arp (1996), 126ff; Weikert (1994), 215f; Gordon (2003), 284, 309.
[3] Wir danken PEP-Trainer Rainer Kreisel aus Krauschwitz für diesen Vorschlag.
[4] Vgl. Ulich und Mayring, S. 138.
[5] Vgl. U. Giesekus.
[6] Dieses Beispiel findet sich bei Ralph und Sanders (2001).
[7] Vgl. zu den folgenden Punkten v.a. Ralph und Sanders (2001), 2ff.
[8] Vgl. Tschöpe-Scheffler, a.a.O.
[9] So bei Ralph und Sanders etc.
[10] Vgl. dazu auch Petermann (1991), 17ff; Fliegel et al. (1998), 192ff.

Anmerkungen zu Teil II:
[1] Zu den im Folgenden genannten Aspekten der Beziehungsarbeit vgl. u.a. Ralph und Sanders (2001), 6f.
[2] Vgl. Arp (1996), 172ff.
[3] Grundsätzliche Hinweise finden sich bei Rost (2001), 515ff.

Anmerkungen zu Teil III:
[1] Vgl. z. B.: Fliegel et al. (1998), 64ff; Linden/Hautzinger (2004), 367ff; Rost (2001), 516f.
[2] Vgl. Rost (2001), 516f.
[3] Vgl. dazu Linden/Hautzinger (2004), 368.
[4] Siehe bei Gordon, 2002 und 2003.
[5] Gordon (2002), 189.
[6] Gordon (2002), 193 und Gordon (2003), 254.
[7] Gordon (2002), 242.
[8] Vgl. den „Familienrat" bei Petermann und Petermann (2000), 167; C. und D. Arp (1996) nennen es „Beteiligung an Familienentscheidungen" (vgl. 160ff) und entfalten dabei Gordons Grundregeln.
[9] Hier wiedergegeben nach Petermann und Petermann (2000), 167.
[10] Hinweise dazu haben Ralph und Sanders zusammengetragen. Vgl. zum Folgenden Ralph und Sanders (2001), 8ff.
[11] Vgl. zu diesem Punkt auch Petermann und Petermann (2000), 142ff.
[12] Vgl. Raser (1999), 128ff.

Anmerkungen zu Teil IV:

[1] Zum Beispiel: Ralph und Sanders (2001), 11; Arp (2003), 18ff.

[2] Vgl. dazu Petermann und Petermann (2000), 180f.

[3] Vgl. Reinhard Tausch, 1993.

[4] Zu etlichen Problemen gibt es eine Vielzahl von Fachbüchern, etwa zum Umgang mit Drogen oder Gewalt. Vgl. dazu auch Stimmer und Müller-Teusler (1999); Zeltner (1996); Train (1998); hier: Ralph und Sanders (2001), 10f.

Anmerkungen zum Anhang: Teenagerzeit

[1] Vgl. Tschöpe-Scheffler (2003); Ralph und Sanders (2001); Markie-Dadds, Turner und Sanders (1999); Döpfner, Schürmann und Fröhlich (1998).

[2] Tschöpe-Scheffler (2003), 40; vgl. dazu auch Gordon (2003), 303ff.

[3] Vgl. dazu Markie-Dadds et al. (1999), 1ff.

[4] Vgl. Gudjons (2003), 126; Kohnstamm (1987), 126ff.

[5] Mit dem Begriff der Adoleszenz versucht man die Phase in der Entwicklung eines Menschen zu beschreiben, in der er in das Erwachsenenalter hineinfindet und die Fertigkeiten entwickelt, die ihm helfen, als selbstständiger Mensch wahrgenommen zu werden und sich selber versorgen zu können. Bei einem Studium kann diese Zeit bis Mitte oder Ende 20 dauern, während sie bei Lehrberufen bereits mit Abschluss der Lehre oder bei jungen Männern mit der Bundeswehrzeit oder dem Zivildienst zu Ende kommt.

[6] Diesen Hinweis verdanke ich Prof. Dr. Pola, Universität Dortmund.

[7] Vgl. zur Geschichte der Jugend u. a. Gudjons (2003), 126, 132; Arlt (2003), 176ff.

[8] Die Entwicklungsaufgaben und Veränderungen im Verhalten von Jugendlichen werden an vielen Stellen beschrieben. U. a. seien folgende genannt: Stimmer und Müller-Teusler (1999), 40ff; Train (1998), 60ff; Zeltner (1996), 78ff; Kohnstamm (1987), 50ff; Gudjons (2003), 126ff.

[9] Zitat in Gudjons (2003) 127.

[10] J. Piaget, zit. bei Gudjons (2003) 131.

Literaturhinweise

Arlt, Marianne, *Pubertät ist, wenn die Eltern schwierig werden.* Tagebuch einer be-
troffenen Mutter. Herder Verlag, Freiburg Basel Wien 2003.

Arp, Claudia und David, *Und plötzlich sind sie 13 – oder: Die Kunst, einen Kaktus
zu umarmen.* So begleiten Sie Ihr Kind durch die Teenagerzeit. Brunnen Verlag, Gießen 1996.

Bodenmann, Guy, *Stress und Coping bei Paaren.* Göttingen 2000.

Canfield, Ken R., *The 7 Secrets of Effective Fathers.* Tyndale House Publishers,
Wheaton, Illinois 1992.

Döpfner, Manfred; Schürmann, Stephanie; Fröhlich, Jan, *Therapieprogramm für
Kinder mit hyperkinetischem und oppositionellem Problemverhalten* (THOP),
2. korrigierte Ausgabe, Weinheim 1998.

Fliegel, Steffen; Groeger, Wolfgang M.; Künzel, Rainer; Schulte, Dietmar; Sorgatz,
Hardo, *Verhaltenstherapeutische Standardmethoden.* Beltz Verlag, Psychologie
Verlags Union, Weinheim 1998.

Gerster, Petra; Nürnberger, Christian, *Stark für das Leben.* Wege aus dem Erzie-
hungsnotstand. Rowohlt, Berlin 2003.

Giesekus, Ulrich, *Halt mich fest und lass mich los – Kinder zwischen 12 und 16.*
Brockhaus, Haan 2005.

Gordon, Thomas, *Familienkonferenz. Die Lösung von Konflikten zwischen Eltern
und Kind.* 40. Aufl., Wilhelm Heyne Verlag, München 2003.

Ders., *Familienkonferenz in der Praxis. Wie Konflikte mit Kindern gelöst werden.* 16.
Aufl., Wilhelm Heyne Verlag, München 2002.

Gudjons, Herbert, *Pädagogisches Grundwissen. Überblick – Kompendium –
Studienbuch.* 8. aktualisierte Auflage, Verlag Julius Klinkhardt, Bad Heilbrunn
2003.

Hemminger, Hansjörg, *Geister, Hexen, Halloween.* Brunnen Verlag, Gießen 2002.

Horst, Chr.; Kulla, Chr.; Maaß-Keibe, E.; Mazzola, R.; Raulfs, R. unter Mitarbeit
von Heeg, H. und Pütz, J., *Der Elternkurs – Kess erziehen. Wege zu einem entspannten und liebevollen Erziehungsstil.* Das 5 Schritte-Programm. Knaur Ratgeber Verlage 2005.

Kohnstamm, Rita, *Praktische Kinderpsychologie. Eine Einführung für Eltern,
Erzieher und Lehrer.* Mit einer Einleitung von Hans Aebli. Verlag Hans Huber,
Bern Stuttgart Toronto 1987.

Krohne, Heinz Walter; Hock, Michael, „Erziehungsstil." In: Rost, Detlef H.,
Handwörterbuch Pädagogische Psychologie. Beltz Verlag, Psychologie Verlags
Union, Weinheim 2001, 139-146.

Küstenmacher, Marion und Werner, *Simplify your life. Mit Kindern einfacher und glücklicher leben.* Campus Verlag, Frankfurt/New York 2004.

Linden, M.; Hautzinger, M. (Hrsg*.), Verhaltenstherapiemanual. Techniken, Einzelverfahren und Behandlungsanleitungen.* Springer Verlag, Berlin Heidelberg 2000, 2004 (Nachdruck).

Mähler, Bettina; Bickmann, Dagmar, *Der Elternkurs. Das Programm für glückliche Eltern.* Rowohlt Taschenbuch Verlag 2005.

Markie-Dadds, Carol; Turner, Karen M.T.; Sanders, Matthew R., *Gruppenarbeitsbuch für Eltern.* In: PAG Institut für Psychologie AG (Hrsg.): Triple Positives Erziehungsprogramm, 1999.

Neuhaus, Cordula, *Hyperaktive Jugendliche und ihre Probleme. Erwachsen werden mit ADS. Was Eltern tun können.* Urania-Ravensburger 2000.

Petermann, Franz; Petermann, Ulrike, *Training mit aggressiven Kindern. Einzeltraining, Kindergruppe, Elternberatung.* 9., überarb. Aufl., Beltz Verlag Psychologie Verlags Union, Weinheim 2000.

Dies., *Kinder und Jugendliche besser verstehen. Ein Ratgeber bei seelischen Problemen.* Kösel-Verlag, München 1991.

Dies., *Entspannungstechniken für Kinder und Jugendliche. Ein Praxisbuch.* Beltz Verlag, Weinheim 1999.

Ralph, Alan; Sanders, Matthew R., *Positives Erziehungsprogramm für Eltern von Teenagern.* Families International Publishing Pty. Ltd. Milton (Australia) (Copyright by The University of Queensland), 2001.

Raser, Jamie, *Erziehung ist Beziehung. 6 einfache Schritte, Erziehungsprobleme mit Jugendlichen zu lösen.* Beltz Verlag, Weinheim und Basel 1999.

Rost, Detlef H., „Pädagogische Verhaltensmodifikation." In: Rost, Detlef H*., Handwörterbuch Pädagogische Psychologie.* Beltz Verlag, Psychologie Verlags Union, Weinheim 2001, 512-520.

Stimmer, Franz; Müller-Teusler, Stefan, *Jugend und Alkohol. Jugendalkoholismus – Ursachen, Auswirkungen, Hilfen, Prävention.* Blaukreuz-Verlag, Wuppertal 1999.

Tarnai, Christian, „Erziehungsziele." In: Rost, Detlef H., *Handwörterbuch Pädagogische Psychologie.* Beltz Verlag, Psychologie Verlags Union, Weinheim 2001, 146-152.

Tausch, Reinhardt, „Verzeihen: Die doppelte Wohltat". *Psychologie heute*, April 1993, 20ff.

Train, Alan, *„Ablachen, Fertigmachen, Draufstiefeln". Strategien gegen die Gewalt unter Kindern. Wie Erziehende Opfern und Tätern wirkungsvoll helfen können.* Beust Verlag, München 1998.

Tripp, Tedd, *Eltern – Hirten der Herzen. Biblisch orientierte Erziehung.* 3 L Verlag, Friedberg 4. Aufl. 2004.

Tschöpe-Scheffler, Sigrid, „Fünf Säulen einer guten Erziehung." In: *Psychologie heute* 06/2003, 40ff.

Dies., *Elternkurse auf dem Prüfstand. Wie Erziehung wieder Freude macht.* Leske + Budrich, Opladen 2004.

Weikert, Annegret, *Tyrannen in Turnschuhen. Überlebenstraining für geplagte Eltern.* Ariston Verlag, Genf 1994.

Weinert, Franz E., „Entwicklung, Lernen, Erziehung." In: Rost, Detlef H., *Handwörterbuch Pädagogische Psychologie.* Beltz Verlag, Psychologie Verlags Union, Weinheim 2001, 121-132.

Zeltner, Eva, *Kinder schlagen zurück. Jugendgewalt und ihre Ursachen.* Deutscher Taschenbuch Verlag, München 1996.

Stichwortregister

Die *kursiv* angegebenen Seitenzahlen verweisen auf das entsprechende Kapitel, in dem der Begriff thematisch erläutert wird.

Verzeichnis der Übungen